KB052803

우리는 서로를 구할 수 있을까

페미니즘프레임

결혼

우리는 서로를 구할 수 있을까

정지민 지음

낮은산

차례

결혼한 페미니스트도 행복할 수 있을까

나는 너무 늦게 페미니스트가 됐다. 20대 초반까지는 너무 자신만만해서 페미니즘 같은 건 필요 없다고 생각했다. 엄마는 내게 여자라서 못 할 건 없다고 가르쳤고 나 역시 그렇게 믿었다. 그래도 결혼은 돈 많은 남자와 해야 한다는 것이 엄마의 주장이었는데, 거기에 동의하진 않았지만 연애는 열심히 했다. 나를 알아주는 좋은 짝을 만나는 건 중요하다고 생각했으니까. 그리고 마침내 평생을 함께해도 좋겠다는 생각이 드는 사람을 만나 결혼을 약속한 해에, 하필 딱 그때 페미니즘에 눈을 떴다. '메르스 갤러리'로부터 시작된 일련의 페미니즘 이슈가 세간을 뜨겁게 달구던 2015년이었다.

이제 막 페미니즘에 눈을 뜨고서 결혼을 준비하자니 여간 곤혹스럽지 않았다. 첫째, 페미니즘은 받아들인 순간 이제까지의 삶을 돌아보고 재조정하게 하는 자기 변혁적인 인식인데, 둘째, 그러다 보니 결혼과는 영

—

어울리지 않았기 때문이다. 페미니즘은 사랑에 관한 나의 생각 몇 가지를 영영 바꿔 놓았다. 우선 여성인 내가 사랑이라 느끼고 정의하는 방식으로 남성 역시 사랑에 임하리라는 기대는 대단히 나이브하다는 것을 알게 됐다. 흔히 하는 말로 여자의 사랑은 로맨스인데 남자의 사랑은 섹스인 정도가 아니라, 어떤 남성들은 여성을 동등한 인간으로조차 여기지 않았다.

지금이 어느 때인데 말도 안 되는 소리라고? 그렇다면 걸핏하면 일어나는 연인을 때리거나 살해하는 사건들은 어떻게 설명할 건가. 2010년부터 5년간 연인이나 헤어진 연인에게 살해당한 여성은 645명으로, 3일에 1명꼴이다. 폭행과 상해는 하루 평균 15건 이상 발생한다.* 이건 단순히 남성이 여성보다 힘이 세기 때문이 아니다. 데이트 폭력을 저지르는 남성은 연인을 독립된 인격체가 아닌 자신이 통제권을 가진 소유물로 여기는 경향이 강하다. 여성이 자신이 정해 둔 선을 벗어나는 행동을 하면 분노를 참지 못하고 처벌을 가하는 것인데, 뒤에서 이야기하겠지만 이런 남성의 '성별 한정 선택적 분노조절장애'는 사실 역사가 유구하다.

---

*   경향신문 2015년 12월 25일자. "성탄 전야에 또 '이별 범죄'… 데이트폭력 빨간불"

이런 이들에게 과연 여성은 무엇이고 사랑은 뭘까? 남성과 여성이 사랑한다는 것 자체에 의문이 생기는데 결혼을 해야 할 판이었다. 게다가 이곳은 남성 가사 분담률 OECD 최하위권, 시월드와 경단녀들의 나라 아닌가. 만약 페미니즘이라는 새로운 기준에 입각해 지금부터 결혼 상대를 고른다면 그래도 희망이 있을 수 있겠지만 나는 이미 골라 놓은 상태. 내가 고른 남자는 과연 페미니즘의 이상에도 부합하는 사람일까? 알고 보니 답 없는 '한남'은 아닐까? 결혼하면 그렇게들 변한다는데, 나는 한남과 살 수 있을까? 아니, 그 전에 페미니즘 이상에 부합하는 남자가 존재하기나 할까? 페미니즘과 결혼이, 함께 갈 수 있는 걸까?

그래서 남편을 좀 괴롭혔다. 아이유 뮤직비디오 로리타 논란, 강남역 살인사건, 낙태 금지 반대 시위, 미투운동 등 2015, 2016년은 때마침 자고 일어나면 페미니즘과 관련해 새로운 이슈가 터지던 때였다. 물 들어올 때 노 젓는 사공의 마음으로, 그럴 때마다 남편에게 당신은 어떻게 생각하느냐고, 당신의 입장은 무엇이냐고 집요하게 캐물었다. 성격이 급한 나에 맞춰 남편은 1~2분 내에 '나는 남의 편이 아니며 나의 생각은 당신의 생각과 다르지 않다'는 것을 증명해야 했는데, 반전은 남편뿐만 아니라 나조차 내 생각이 무엇인지 정확하게 잘 몰랐다는 것이다. 워마드를 비롯한 급진적 페미니즘 운동을 어떻게 볼 것이며 성매매처럼 복잡한 문제엔 어떻게 접근할 것인가. 어떤 문제는 페미니즘 내에서도 입장이 다양해서 무 자르듯 의견을 정리할 수 없었다. 사태는 내가 좀 더 본격적으로 페미니즘을 공부하며 나아졌다. 지금은 이렇게 담백하게 인정하지만 새로운 정체성에 막 눈뜨게 된 그때는 지치지도 않고 남편을 향한 사상 검증, 유도 심문, 함정 수사를 이어 가곤 했다.

남편을 괴롭히는 한편, 페미니즘 내에서 혹 이상적인 결혼의 상을 제시하지 않는지 남 몰래 찾아 헤맸다. 그 무렵 읽은 책이 벨 훅스의 『사랑은 사치일까?』였다. 제목부터 아주 흡입력이 있었는데, 앞에 '페미니스트에게'가 생략된 질문이기 때문이다. 벨 훅스는 페미니즘이 가부장제 하의 사랑을 비판하는 데 열중한 나머지 사랑 자체를 여성들의 삶으로부터 멀어지게 했다고 말한다. 사랑에 집착하는 것은 시대착오적이거나 나약하고 의존적인 것, '여성적'인 것이 됐고, 여자들 역시 남자처럼 관계를 통해 권력감, 섹스, 이익을 얻고자 분투하기 시작했다. 그러나 여전히 우리 삶에 사랑은 중요하다는 것, 사랑을 성취하고 지키는 법을 남녀 모두 새롭게 배워야 한다는 것이 그녀의 주장이었다.

나는 무릎을 치며 외쳤다. 그래! 어서 그 새로운 사랑법을 알려 줘! 그러나 그녀 자신이 가부장제적인 남성과의 관계에서 어떻게 빠져나왔는지에 대한 이야기와, 가부장제가 변하면 많은 것이 달라질 것이라는 희망찬 결론, 세상에는 다행스럽게도 가부장제에 상대적으로 덜 물든 무해한 남성들이 존재한다는 작은 위로 외에 이미 내 곁에 있는 남성과 페미니즘적 이상 안에서 잘 사는 법 같은 건 없었다. 대신 이런 문장이 있었다.

"남자와 정서적이고 낭만적인 관계를 유지하고 있는 친구들은 일상적 지침이 될 만한 사랑에 대한 청사진을 제시하는 데 누구보다 집착했다."

이성애자 페미니스트들은 그 시절에도 같은 고민을 했던 것이다. 고민의 내용 중에는 결혼 생활 역시 포함되어 있었으리라.

다행스럽게도 나의 결혼 생활은 겁냈던 것에 비해 페미니즘의 이상을 유지하는 일과 크게 배치되지 않았다. 우선 내가 직장에 다니고 남편이 프리랜서라 가사

—

분담이 상대적으로 수월하게 이루어졌다. 남편은 의외로 요리에 열정이 있었고, 알고 보니 타고난 집돌이였다. 주부 역할을 맡는 데 이견이 없었을 뿐 아니라 살짝 좋아하기까지 했다. 자연스럽게 그는 집에서 일하며 일상적인 집안일과 요리를 담당하고 나는 직장에 나가는 한편 청소를 맡았다. 내가 딱히 뭘 하지 않았음에도 시부모님은 선을 지키며, 예의와 존중으로 나를 대해 주셨다. 나의 행운을 다각도로 분석해 보았지만 뾰족한 결론은 없었다. 운이 좋았다고 할밖에. 내적 이유(?)를 찾자면 시어머니는 아들의 예민함을 너무나 잘 알고 계신다. 지나가는 말처럼 "쟤는 결혼해서 누구 괴롭히기보다 혼자 살아야 하는데……" 하신 적도 있다. 어머니는 그와 몇 해째 같이 잘 살고 있는 나를 신기하고 대견하게 여기는 것 같다. 이게 다는 아니겠으나 아무튼, 시가도 큰 문제가 없었다.

정작 복병은 다른 곳에 있었다. 내가 출근하고 남편이 집에 있는 우리 부부는 전통적인 아내와 남편의 역할이 바뀐 상태다. 페미니스트 바깥사람은 더 섬세해야 할 터이나, 중요한 갈등의 국면마다 나는 너무나도 자연스럽게 '한남'처럼 행동했다. 내심 가사노동을 평가절하하며 밖에서 일하는 내가 세상에서 가장 힘들다는 식으로 굴었다. 온종일 집에서 기다린 남편을 충

—

분히 배려하지 않고 갑자기 약속을 잡거나 뒤늦게 야근 통보를 했으며, 때때로 늦게 들어와 밥상을 차려 달라는 등 술상을 차려 달라는 등 했다. 나의 부모님이 남편에게 부당하거나 과도한 요구를 하면 남편의 불만에 귀 기울이고 조율하기보다 그가 그냥 군소리 없이 감내하기를 바라기도 했다.

남편과 몇 번의 갈등을 겪으며, 나는 한남과 페미니스트를 가르는 것은 생물학적 성별이 아니라는 너무도 당연한 사실을 새삼 체감했다. 의식적으로 경계하지 않는다면 강자의 위치에 선 누구나 한남이 될 수 있는 거였다. 거꾸로 말하면 날 때부터 페미니스트는 있을 수 없다. 페미니스트는 후천적이고 의식적인 지향이자, 자신을 돌아보는 매일매일의 실천이다. 그렇기 때문에 불평등한 세상에 대해 날카롭게 문제 제기하는 것만으로는 완성되지 않는다.

나는 페미니스트가 되고 나의 위치에 대해 더 자주 생각한다. 남성 중심적 질서 속에 안온하게 묻힌 남성들을 보는 일은 내가 내 위치에서 당연하게 누려 온 것에 대한 반성으로 이어졌다. 여성은 약자지만 나의 정체성은 그보다 다양하다. 일상의 많은 상황에서 나는 약자일 때도 있지만, 강자일 때도 있다. 페미니스트가

—

된다는 것은 강자의 위치에 서게 되었을 때 나의 힘을 함부로 휘두르지 않고 누군가를 무시하거나 억압하지 않으려 노력한다는 의미이기도 하다.

여성에게 결혼은 안전하거나 행복한 선택지였던 적이 없다. 그럴진대 페미니스트에게 행복한 결혼 생활이 가능할까. 아니, 적어도 불행하지 않을 수 있을까. 결혼을 택하지 않는다면 페미니즘 이상을 실천하며 사랑하는 일은 그렇게 불가능한 일이 아닐 수도 있다. 독립성을 지키며, 한국의 가족 문화와도 거리를 두고, 연인이 페미니즘적 기준을 충족하지 못하는 모습을 보일 때는 이별을 택하면 그만이다. 다양한 관계를 실험할 수도, 무소의 뿔처럼 혼자서 갈 수도 있다.

그러나 결혼하기로 결정하는 순간 이야기가 달라진다. 삶과 페미니즘이 충돌하는 순간이 잦아지는데, 그럴 때마다 내가 하는 사소한 타협이 결국 가부장제의 존속에 기여하는 게 아닐까 하는 의심에서 벗어날 수 없다. 이미 결혼을 했거나, 나름의 이유로 결혼을 하고 싶거나, 한국 사회의 압력 속에서 결혼을 고려하는 이들에게, 그래서 페미니즘은 가장 절실한지도 모른다. 벨 훅스의 '남자와 정서적이고 낭만적인 관계를 유지하고 있는 친구들'이 그랬듯이.

—

그런데 결혼이 무엇이기에? 이쯤에서 결혼의 본질에 대해서 생각해 볼 필요가 있다. 과거 농경 사회에서는 결혼이 노동력을 조직하기 위한 방편이거나, 집단 간 동맹을 위한 여성 교환 같은 기능적 역할을 수행했다. 하지만 오늘날 왜 결혼하는지 묻는다면 많은 이들이 사랑하는 사람과 함께 살고, 그것을 승인받기 위해서라고 답할 것이다. 어떤 남성도 가부장이 되고 싶어서라든지, 가사를 아내에게 맡기기 위해서, 연애 때 하던 감정노동을 그만두기 위해서라고 답하지 않는다. 그럼에도 결혼을 하면 이런 일들이 일어난다. 여성이 자연스레 육아와 가사의 제1담당을 자임하게 되며, 그토록 가정적으로 보였던 남자들은 집안일에서 멀찍이 떨어져 적당히 방치하고, 함께 사는 그림에는 없던 '시댁'이 등장해 '일해라 절해라' 한다. 왜 결혼을 생각하게 했던 이상이 현실에서는 어김없이 어그러지는 걸까? 이 현실을 탐구할 필요가 있다.

　한편, 그럼에도 여전히 결혼이 가진 특별한 의미가 있다고 생각한다. 비혼 시대가 왔다고들 한다. 해마다 결혼율이 떨어지는 건 물론, 스스로를 비혼주의자로 규정하는 이들도 늘어나고 있다. 세계적인 흐름이라 사실 별로 놀랍진 않다. 과거 여성에게 결혼은 재정 계획이었다. 스스로를 부양할 수 없었기 때문에 남성의 경제력

——

에 의존해야 했고, 뒤로 물러나 가사와 재생산을 담당했다. 여성이 경제력을 획득함에 따라 이 강요된 의존의 구조가 무너졌다. 그럼에도 결혼 제도 안에서 여성에게 할당된 역할은 강고하고도 유구해서, 결혼이라는 늪에 아직 발 들이지 않은 여자들이 비혼을 결심하는 건 자연스러운 귀결이다. 그런데 그것만이 다는 아닌 듯하다. 여기에는 또 다른 힘이 작용하고 있는 것처럼 보인다.

때마침 일어난 소비사회로의 전환은 관계를 대하는 개인들의 태도를 쾌락 중심적으로 만들었다. 사람들은 타인을 예전만큼 잘 참을 수 없게 됐다. 함께는 가끔 좋지만 혼자가 대체로 편하기에 후자를 위해 전자를 포기한다는 사람들이 늘어났다. 그럼에도 나는 지금 이시대에 여전히 결혼이 갖는 가치가 있다면 시대착오적이고 맹랑하게도 영원을 약속하는 점 때문이라 믿는다.

누군가와 함께 살 필요도 능력도 사라져 가는 시대, 함께 살기의 기반들이 빠르게 해체되어 가는 와중에도 결혼을 선택한 이들은 영원을 약속하며 손을 맞잡는다. 제도가 지금보다 견고했던 시대에도 함께 살기는 쉽지 않았다. 에바 일루즈의 표현을 빌리자면 '마음의 근육'을 필요로 하는 일이라 그렇다. 더욱 어려워진 이길을 그럼에도 가 보기로 택한 이들을 위해 함께 살기

—

의 조건들을 더듬어 보는 작업은 의미 있을 것이다.

문제는 그 함께 살기의 형태가 꼭 이성애 중심의 가부장적인 '결혼'이어야 하냐는 것이겠다. 유럽에서는 새로운 제도가 결혼을 점차 대체하고 있다. 프랑스의 시민연대계약(PACS)이 대표적으로, 이런 추세에 따라 국내에서도 몇 년 전부터 생활동반자제도를 만들자는 목소리가 힘을 얻고 있다. 남녀의 결합이 아니어도, 꼭 성애를 바탕으로 한 연인이 아니어도, 누구나 자신이 택한 생활의 동반자와 법의 보호 아래 안정적인 삶을 누릴 권리가 있다는 생각이 이런 새로운 제도의 중심에 있다. 이성애-정상가족을 중심에 두고 본다면 결혼의 해체지만, 다양한 시민의 함께 살 권리를 보장한다는 면에서는 결혼의 확장이다. 폴리아모리 커뮤니티는 일대일의 관계를 벗어나 사랑하는 사람들로 구성된 공동체를 꾸리기도 한다. 일련의 흐름들이 가리키는 건 우리가 아는 현재의 결혼만이 함께 살기의 방법은 아니라는 것이다.

숭고한 건 결혼이 아니라 단단한 저마다의 관계들이다. 그러므로 이 모든 시도를 포함해 결혼에 대해 고민해 보고 싶다. 한국 사회에서 결혼이란 무엇인지, 결혼을 통해 평등한 함께 살기는 도달 가능한 이상인지, 아니라면 어떤 대안이 가능한지, 모든 고려 끝에 결혼

—

을 한다면(했다면) 새로운 시대의 동반자 관계는 어떤 모습이어야 할지. 결혼한 페미니스트로 행복하게 살아 갈 수 있을지.

폭력

결혼 혹은 폭력의 역사

근대 이전, 그러니까 우리에게 익숙한 '사랑하는 두 남녀가 자발적으로 결합하는 제도로서의 결혼' 이전 시대에 결혼은 무엇이었는가를 논하기 위해서는 결혼과 전혀 어울리지 않는 이야기를 경유해야 한다. 사랑한다면서 여자를 때리거나 죽이는 남자들에 관한 이야기, 바로 '폭력'에 대한 이야기다.

나는 2008년 대학에 입학했다. 그 다음 해인 2009년은 여성의 대학 진학률이 사상 처음으로 남성을 앞선 해였다. 1980년대 대학 교육이 팽창하며 꾸준히 증가해 온 여성의 대학 진학률은 2009년 82.4%를 기록하며 남성의 대학 진학률(81.6%)을 처음으로 앞질렀다.* 나의 고모들은 남동생인 아빠와 삼촌을 공부시키기 위해

---

* 뉴시스 2010년 7월 4일자. "지난해 여성 대학진학률 82.4%… 처음으로 남성 추월"

일찌감치 학업을 포기하고 생계 전선으로 나서야 했다 지만 내 또래 여자아이들은 상황이 달랐다. 우리는 공학이라면 여자아이들이 공부를 더 잘하는 게 당연한 환경에서 자랐다. 여자라는 이유만으로 진학을 포기해야 하는 일은 흔하지 않았다.

오빠보다 공부를 잘한다고 구박받던 친구네 집 이야기나, 여자는 그저 공무원이나 선생님이 되는 게 가장 좋다는 어른들의 이야기를 듣긴 했다. 그러나 우리들의 반응이 달랐다. 우리는 그 모든 게 다 뒤떨어졌다고 생각했다. 여성으로서 주체적으로 살아가리란 희망에 부풀어 있었기 때문에 남녀가 불평등하다고 믿지 않았고, 대학 교양과목이나 학과 프로그램에서 페미니즘을 접했을 때도 귀 기울이지 않았다. 나중에 알게 됐지만 이처럼 이전 시대 페미니즘이 주장하던 성평등이 이미 달성되었다고 보고 강성 페미니스트들과 거리를 두려는 태도는 나뿐만 아니라 많은 이들이 공유하던 일종의 시대적 흐름이었다.

'포스트 페미니즘' 시대의 낙관이 깨진 건 2015년이었다. 메갈리아가 등장할 무렵, 몇 건의 데이트 폭력이 사회 문제로 떠올랐다. 의학전문대학원 재학생인 남성이 동기인 여자친구를 4시간 동안 감금해 폭행하는 사건이 발생했다. 이전에도 폭행을 당했으나 증거가 없

—

어 무마된 적 있는 여성은 4시간 동안 이어진 폭행을 전부 녹음했다. 파일을 손에 넣은 취재진이 차마 한 번에 듣지 못했을 정도로 내용은 끔찍했다. 발로 차고 밟고 일으켜 세워 다시 때리고 폭언하고……. 전치 3주의 상해로 귀결된 폭력의 이유는 어이없게도 '여자친구가 전화를 싸가지 없게 받아서'. 더 황당한 것은 그 이후였다. 가해자에게 법원은 벌금형을 내렸다. 판결문은 세심하게도 형을 살게 될 경우 남자가 대학원에서 제적될 것을 걱정했다. 학교는 연인 사이의 일이므로 개입하지 않는다는 원칙을 들어 가해자와 피해자를 분리시키지도 않다가 뒤늦게 여론의 역풍을 맞고 가해자를 제적시켰다.*

사건의 가해 남성은 상식의 범주를 벗어난 '미친놈'임에 틀림이 없다. 그러나 데이트 폭력에 대해 조사하며 알게 된 것은 여자친구가 자신의 말을 듣지 않거나 무시하는 것처럼 느껴진다는 이유로 폭력을 휘두르는 '미치광이'가 적지 않다는 놀라운 사실이었다. 이 사회에서 도대체 여자친구란 뭘까. 깊은 고민에 빠졌다. 평범한 사회인인 우리는 매일, 일상적으로, '내 말을 잘 들

---

* 서울신문 2015년 12월 1일자. "조선대 '데이트 폭력 의전원생' 방관하다 뒷북 징계"

지 않는 사람'을 수없이 만난다. 정확히 말하면 '내 말을 듣는 사람'은 내가 만나는 사람 중에 극소수로, 그들에게 감사할 일이지 안 들어 주는 이들에게 역정을 낼 일은 아니다. 상사, 선배, 동료, 친구, 이웃 등 타인은 각자 나름의 기준으로 나를 평가하며 때로는 무시하고 때로는 반박한다. 기분이 나빠도 어쩔 수 없다. 내 말에 귀 기울이고 나를 응원하는 사람도 있지만, 여전히 누군가는 나를 무시하거나 반대할 수 있다. 이게 우리 삶의 기본 세팅이기 때문이다. 그런데 이 담백한 진실이 '여자 친구'의 경우가 되면 적용되지 않는 데 심각한 문제가 있다. 그리고 마치 정당한 사유처럼 용인된다. "그러게 왜 남자를 자극해서……" 같은 말을 피해자에게 위로랍시고 던지는 이들을 보라.

나의 결론은 데이트 폭력은 일종의 성별 한정 선택적 분노조절장애라는 거다. 세상의 무시는 참지만 여자의 무시는 못 참겠고, 특히나 그게 내 여자라면 그냥 넘어갈 수 없다. 이 여자를 응징함으로써 무너진(이 지경이면 진즉에 무너졌다고 봐야겠지만) 자존심을 회복하겠다는 남성과, 이런 남성에게 관용을 베푸는 사회는 뭔가 근본부터 단단히 잘못되어 있다는 확신이 들었다. 가해자와 연인 관계가 아니라면 폭력 사건의 피해자는 왜 가해자를 자극했냐는 식의 추궁을 듣지 않는다. 남녀가 바뀐 역도 성립하지 않는다. 여성의 한마디로 이성을 잃은 연약한 남성의 자존심만이 세심한 배려의 대상이 되고 감형 사유가 된다. 이제 충분히 평등하므로 여성이 사회적 지위를 쟁취할 차례라 생각했는데, 보려고 하지 않아 몰랐을 뿐 여성은 여전히 불평등할 뿐 아니라 그로 인해 심지어 목숨이 위험했다.

스릴러나 미스터리물에서 여성이 살인을 당하면 형사가 나타나 꼭 이런 말을 한다. "여성이 살인을 당한 경우 범인은 높은 확률로 남편입니다." 괜히 이런 대사를 넣은 게 아니라서 보통은 진짜 남편이 범인인데, 실제로 미국에서 살해당한 여성의 42%는 이전 또는 현재 연인에 의해 죽는다고 한다. 부부나 연인 등 친밀한 관계에서 여성을 대상으로 한 폭력은 역사가 유구하고, 문화권을 막론한다. 정희진은 『페미니즘의 도전』에서 여성 폭력의 현실을 다음과 같이 정리한다.

"브라질, 케냐, 태국은 (여성 살해의 범인이 그 여성의 현/전 연인인 비율이) 50퍼센트에 육박하며 파키스탄에서는 전통적인 여성 억압 문화인 퍼다의 영향으로 80퍼센트 정도의 여성이 남편으로부터 학대받는다. 볼리비아 정부는 여성 폭력 가해자의 95%는 처벌받지 않는다고 보고한다."

—

한국은 다를까? 몇 십 년 전까지만 해도 처벌은커 녕 가정 폭력을 당한 딸을 친정 부모가 나서서 다시 가 정으로 돌려보내는 일이 다반사였다. 여성들은 가장 안 전해야 할 가정에서 가장 위험하지만 사회는 이를 일탈 이나 범죄로 규정하지 않아 왔다. 어떤 면에서 결혼의 역사는 가정 폭력의 역사이기도 한 것이다.

이 역설은 결혼 제도를 관통하는 오래되고 핵심적 인 진실을 이해해야만 풀린다. 근대 이전까지 여성은 남성의 소유물이지 동등한 인간이 아니었다. 인류의 발 전사를 추적하는 학자들은 수렵과 채집 중심의 원시사 회는 특정한 성이 우위를 점하지 않았으리라 추측한다. 동물 세계에서 암컷과 수컷 사이에 일방적인 지배나 착 취를 찾아보기 어려운 것처럼, 문명 이전의 인류는 상 호의존을 바탕으로 비교적 평등한 사회를 이루었다. 여 러 가설이 있지만, 농경과 함께 잉여 생산물이 생겨나 며 많은 것이 바뀌었다. 땅을 일구고 물을 끌어오는 등 남성의 노동력이 중요해지면서 두 성별 사이에 비대칭 이 생겼고, 그 과정에서 발생한 재산과 소유 개념은 여 성 역시 남성의 소유 대상으로 밀어 넣었다.

애초에 결혼은 여성에 대한 소유를 사회적으로 승 인하는 제도였다. 여성은 노동력이었고 재생산과 성욕 해소의 도구였으며 남성 사이의 동맹과 결속을 다지기 위해 교환되는 자원이자 그들 간 경쟁을 통해 배분되는 전리품이었다. 남성 세계는 불평등했지만, 여성을 나눠 가짐으로써 남성 내부의 불평등은 무마됐다. 식민지가 있을 때 본국 내의 계급 갈등이 완화되는 것처럼. 어쨌거나 여성보다는 위에 있다는 것이 중요했고 이는 특히 경쟁에서 탈락한 하층 남성들에게 중요했다.

그런데 남성의 소유물에 불과한 여성이 사실은 남성과 마찬가지로 생각하고 욕망하고 말하는 존재라는 것이 문제다. 그저 남자 말을 따르고 욕망을 숨기라는 겹겹의 가르침에도 불구하고 여성의 인간됨이 비죽 드러나는 순간이 존재하는 것이다. 가정 폭력이란 그런 여성을 다시 소유물의 위치로 돌려놓기 위해 휘두르는 폭력이다. 여성을 응징함으로써, 그는 실추된 주인으로서의 위신을 상상적으로 되찾는다. '여자 하나 간수 못 하느냐'는 남성들의 조롱에는, 그래서 '여자마저' 무시하면 더 내려갈 곳이 없는 이들이 더 '예민'하다. 이런 역사를 이해하고 보면 데이트/가정 폭력범들은 어디서 갑자기 툭 떨어진 미친놈이나 사이코패스가 아니다. 그들은 '뒤떨어진 놈'이라 해야 정확할 것이다. 시대가 변해 어쩔 수 없이 머리로는 여성도 동등한 인간임을 받아들이려 하지만 자존감이 위협받을 때면 여전히 여성이라는 고분고분한 받침대가 절실한.

—

페미니즘에 관심을 갖게 된 이후에 나는 한동안 사랑에 관해 글을 쓰지 못했다. 2010년 〈대학내일〉에 연애 칼럼을 쓴 게 공식적인 글쓰기의 시작이었으니 5년 만이었다. 글은 연속적이기보다는 단속적이어서, 새로운 연재를 시작할 때마다 사랑을 바라보는 나의 관점도 계속 변화했다. 가장 궁금했던 질문도 시기마다 달랐다. 하지만 사랑에 대해 한마디도 쓰기 어렵게 된 건 처음이었다.

내가 이제까지 써 온 글들은 동등한 두 주체 사이의 결합을 전제하고 있었다. 이 주체들이란 태생적으로 이기적일 수 있고 관계 내에서 유아적일 수 있으며 순간순간 어리석을 수 있지만, 권력 차는 불가피할지언정 기본적으로는 평등한 존재들이었다. 욕망할 자유가 있는 만큼 그 욕망을 거둘 자유도 있고, 타인으로부터 상처를 받기도 하지만 주기도 하는, 어쨌거나 '안전 이별'은 보장된 그런 존재들이었다. 투사나 집착은 몰라도, '폭력'은 내가 다루는 연애의 각본 속에 존재하지 않았다. 데이트 폭력 사건이 페미니스트로서 각성하는 데 결정적인 계기였던 건 당연한 귀결이었다. 많은 것이 변했다고 생각했는데, 여전히 '여자도 인간이다'부터 시작해야 하는 일들이 산재했다. 사랑에 대해 뭔가 쓴다면 이런 시대에 과연 연애 혹은 결혼을 한다는 것

—

이 어떤 의미를 갖는지부터 따져 봐야 했다. 여성혐오를 무의식적으로 받아들인 남성이 '썸남'이거나 연인일 수 있는 것이 여성들이 처한 연애의 현실이었다.

다시 쓸 수 있게 됐을 때 글은 결이 달라졌다. 이를 테면 남자 감별법. 원칙적으로나마 '여자는 인간이다'는 수용됐다. 그런 말을 하면 무슨 그런 당연한 소리를 하느냐는 듯한 표정을 짓는 남성이 대부분일 것이다. 그러나 우리는 스스로 안전에 유의하며 어떤 남자들은 각별히 피해야만 한다.

오래전부터 친구들의 남친 감별사를 자처해 온 사람으로서 연애 문제로 마음고생하고 있는 친구가 남친 얘기를 주섬주섬 풀어놓으면 괜찮은 사람인지를 나름의 기준으로 판별해 주곤 했는데, 그러면서도 내 기준을 스스로 언어화하기 어려웠다. 데이트 폭력에 대해 알고 나서 명쾌해진 기분이었다. '여자들은'으로 시작하는 말을 자주 하는 사람, 즉 여성에 대한 검증되지 않은 편견이 많은 사람(인풋이 무엇이든 같은 아웃풋으로 귀결되는 사람), 옷차림이나 귀가 시간 등에 통제가 많은 사람, 자신이 더 가져야 한다고 당연하게 가정하는 사람, 내 말과 생각에 교묘하게 귀 기울이지 않는 사람은 위험하다. 아무리 나를 위하고 다정하고 배려해 주는 사람이라도 이런 기미가 있다면 도망치는 게 좋다. '이렇게 다정하고 내 여자를 위하는 나'라는 자기만족을 위한 행위일 가능성이 높다.

'(남자를) 고쳐 쓸 수 있을까'는 나의 아주 오래된 물음인데 여전히 확신하지 못하겠다. 여혐 사회에서 우리는 모두 조금씩은 '여혐 종자'니까. 여혐 경향이 있지만 스스로 깨달아 고치려 노력한다면 가능성이 없다고 할 수 없겠지만 그보다 굳이 내가 고쳐야 할 필요가 없다는 제1원칙을 되새기며 안전을 가장 우선시하자. 여성이 소유물이었던 역사를 가리키는, 여전히 존재하는 여성 폭력이 우리가 그래야 함을 알려 준다.

재정 계획

여자가 남자와 결혼한 이유

언젠가 아주 진지하게 엄마에게 왜 아빠와 결혼했냐고 물어본 적이 있다. "아빠의 어떤 점이 마음에 들었어?" 같은 스위트한 질문이 아니었다. "아오, 그러니까 왜 맞지도 않는 사람들끼리 결혼해서 이 난리야!"에 가까운, 답답함 반, 힐난 반의 질문이었다. 왜 엄마 같은 여자가 아빠 같은 남자와 결혼했는지 늘 의문이었는데, 나의 유년기는 엄마와 아빠의 다툼으로 점철되어 있었기 때문이다.

지금은 많이 달라졌지만, 어렸을 때 아빠를 설명하라면 떠오르는 단어는 권위, 보수, 원칙 같은 것이었다. 경상도 종갓집 장남인 아빠는 어렸을 때부터 받은 교육의 효과로 양반적 삶의 양식과 의례, 가문, 전통, 본분 등의 가치를 중시했다. 그렇다. 우리는 양반이 사라진 줄 알고 있지만 급변하는 다이내믹 코리아에서도 여전히 양반이 살아 있다. 양반적 삶의 양식을 교육받았다는 건 어떤 의미인가. 여성 억압적인 온갖 전근대적 질

—

서가 공기처럼 유비쿼터스한 환경에서 자랐다는 의미인 것이다.

이 환경이야 선택한 것이 아니니 잘못이 없다. 그러나 그 질서 속으로 함께 들어갈 결혼 상대만큼은 좀 더 신중하게, 잘 맞는 사람으로 골랐으면 좋았을 텐데 애석하게도 엄마는 이 모든 것과 전혀 맞지 않았다. 에너지가 넘치고 예술가 기질이 다분한 엄마는 하나에 꽂히면 모든 것을 뒷전으로 한 채 그것에 달려들어야 직성이 풀리는 사람이었으니 '본분' 같은 말과는 거리가 멀어도 한참 멀었다. 본분이 어딨어, 지금 가장 재밌고 즐거운 걸 해야지, 라고 말하는 사람이라고나 할까. 똘똘하고 공부를 잘했던 엄마는 오남매 가운데 유일하게 대학에 진학해 그 시절 총여학생회장까지 지냈는데, 실은 그 회장직과도 불화했다고 한다. 그녀는 운동권도 포기한 자유분방함의 소유자였다. 그러니 엄마와 아빠는 애초에 물과 불처럼 맞지 않았다. 아빠에게는 엄마를 선택할 이유가 있었다. 이질적인 세계는 매혹적이니까. 하지만 엄마는? 어린 내게도 엄마를 담기에 아빠의 가부장적 세계는 너무 좁고 갑갑해 보였다.

그때 들은 엄마의 대답은 조금 가슴이 아팠다. 엄마의 엄마는 엄마가 대학에 들어간 해 갑작스레 세상을 떠났다. 기다렸다는 듯 가세도 기울었다. 언니들마저

—

결혼해 집을 떠나자 아버지와 단둘이 집에 남겨진 엄마는 너무나 집을 탈출하고 싶었다. 그게 엄마가 아빠의 청혼을 수락한 이유였다. 스물네 살의 엄마는 시청에서 비서로 일하고 있었지만 그 비서직은 언제든 사라질 수 있는 불안정한 자리였다. 초짜 기자로 시청을 출입하던 아빠가 대시해 왔을 때, 마침 집을 떠나고 싶은 마음뿐이던 엄마는 앞뒤 재지 않고 수락했다. 기자라는 직업이 안정적이겠지 생각한 것도 한몫했다. 아빠는 그게 어떤 의미인지도 정확히 모른 채 자랑스레 종손이라 밝혔다. 인사를 드리러 간 시가는 그녀에게 따듯하기는커녕 내려다보듯 하는 반면 친정 식구들과 마주한 아빠의 목이 유난히 빳빳한 것이 아무래도 영 마음에 걸렸지만 여자 나이 스물넷이면 '꺾이기' 전에 얼른 결혼해야 하니까, 그래서 결혼하기로 했다. 얼마 뒤 일을 그만두었고, 두 아이의 엄마가 됐다.

이후 긴 갈등과 반목, 불화의 역사가 이어진다는 것을 아는 나는 여러 가정을 해 본다. 외할머니가 일찍 죽지 않았다면 어땠을까. 엄마의 직업이 좀 더 안정적이었다면, 친정이 좀 더 잘살았다면 어땠을까. 집을 그렇게 도망치듯 떠나지 않아도 되었을 것이고, 더 많은 시간과 선택지가 있었을 것이다. 비혼으로 살 수도 있었을까. 알 수 없지만 1988년, 스물네 살의 김순미 씨

—

는 독립의 방편이자 보다 안정적인 재정 확보의 방법으로 결혼을 선택한다. 이런 것도 선택이라고 부를 수 있다면.

여성이 자립할 수 없던 시절, 여성들에게 결혼은 사랑과 관련된 일이라기보다는 재정 계획에 가까웠다. 재정 계획으로서의 결혼은 사랑하는 사람과 하는 것이 아니었다. 노력하면 사랑할 수 있을 것 같은 사람, 혹은 사랑이 없어도 견딜 수 있을 것 같은 사람과 하는 것이었다. 어른들은 으레 이런 부부생활을 '정으로 산다'고 했다. 엄마가 결혼한 1980년대는 중매혼에서 연애혼으로 넘어가는 시기였지만 여전히 결혼과 사랑은 데면데면했다.

사랑이 빠진 결혼은 심플해지고 남성들에게 대체로 유리하다. 무슨 말인고 하면, 과거의 여성들은 결혼할 때 많은 것을 고려할 수 없었다는 의미다. 나의 시어머니는 언니의 소개로 시아버지를 만났을 때 오직 이 사람이 건실한 사람인가를 봤다. 대화가 잘 되는지, 외모가 자신의 취향인지, 그런 건 부차적이거나 거의 중요하지 않았다. '식구들 굶기지 않고 월급날 꼬박꼬박 월급 잘 가져올 사람인가'가 핵심이었다. 이 판단을 잘하는 것으로 여자의 인생이 결정된다고 볼 수 있는데,

—

이리 재고 저리 재서 결혼해도 돌변해 여자에게 살림 맡겨 놓고 한량처럼 나도는 남편이 적지 않았다.

여성을 위한 안정적인 일자리도, 그 일자리를 위해 여성이 교육받는 일도 흔치 않았던 시절, 남편 잘못 만난 여자는 위험하고 불안정한 노동을 전전하며 억척스레 식구를 먹여 살려야 했다. 혹은 다시 의탁할 남자를 찾아야 했다. 그 여정은 첫 단추를 잘못 끼운 옷처럼 어긋나기 쉬웠다. 그게 여자의 '팔자'였으니 신랑감을 앞에 둔 여자라면 이십 평생 키워 온 직감을 발끝부터 끌어 모을 수밖에. 어머니 역시 그랬다. 유흥을 즐기지는 않는가, 허튼 데 돈을 쓸 사람은 아닌가, 아무튼 근면하고 성실한 사람인가 세 가지만을 꼼꼼히 살폈고, 아버지는 그 기준을 충족했다.

다르게 말하면, 가부장의 권리는 누리되 의무에는 관심 없는 남자들 덕분에 성실한 남자는 비교적 쉽게 여자를 얻었다. 어차피 여자는 혼자 살 수 없었다. 늦기 전에 누구든 빨리 골라잡아야 했다. '여자 나이는 크리스마스 케이크' 같은 소리가 시대에 따라 버전을 달리하며 존재했다. 이런 구조에서 의사 결정의 초점은 '최소 기준 충족 여부'에 맞춰진다. 당연하게도 여성들의 하향 결혼이 흔했다. 거의 모든 남성에게 여성이 하나씩 '배당'됐던, 남성-국가로서는 흡족한 시기였다.

—

물론 여성은 그저 대상으로서 교환되기만 하지 않았다. 어떤 여자들은 이 구조를 적극적으로 이용했다. 결혼을 통해 신분 상승을 이루거나 당시 여성에게는 흔하지 않았던 성취를 해내거나 권력을 누리기도 했다. 단, 운이 좋아야 했다. 그래서 여자의 결혼담은 '이야기'가 된다. 결혼으로 여자의 운명이 판가름 났기 때문이다. 박경리의 『김약국의 딸들』(1962)과 박완서의 『휘청거리는 오후』(1977)는 둘 다 딸 부잣집에서 딸 결혼시키는 이야기다. 정확히는 딸 결혼을 잘못 시키는 바람에 집안까지 망하는 이야기인데, 흥미롭게도 이와 유사한 아들 장가보낸 이야기, 남자들이 각기 다른 여성을 만나 서로 다른 길을 걷게 되는 이야기는 찾아보기 어렵다. 남성들은 결혼이 아니라 권력 다툼, 정치, 역사적 사건 등 그들 세계의 사정으로 다른 길을 간다.

그래서 엄마는 결혼 생활이 불행할 때면 나를 붙잡고 자기 소망적인 예언을 하곤 했다. 나의 결혼에 관한 엄마의 주문은 시시때때로 바뀌었다. 시집살이가 지긋지긋하고 아빠의 권위적인 면모에 넌덜머리가 날 때면 '결혼 같은 건 여자에게 좋을 게 없으니 네 돈 벌어 혼자 사는 게 제일 속 편하지'라고 했고, 여전히 불평등한 세상에서 여자가 혼자 산다는 게 얼마나 어려울까 싶을 때는 '이왕 결혼할 거라면 돈 많은 남자가 좋겠다'고 했

—

으며(어디 돈 많은 남자가 나를 위해 대기라도 하고 있는 것처럼), 아주 가끔 경제적으로 넉넉하지 않아도 서로 사랑으로 위하며 단란히 사는 부부를 볼 때는 '암만, 사랑하는 사람이랑 사는 게 좋지'라고 했다. 나는 엄마의 이 타령이 지긋지긋하면서도 조금은 애처로웠다. 셋 다 엄마는 가지 못한 길이었다.

결혼의 재정 계획적 성격은 몇 세대에 걸쳐 여성이 경제적 자립을 이루며 약화된다. 여성의 경제활동이 늘어난 데는 여러 이유가 작용했다. 우선 가족계획사업의 성과로 가구당 자녀 수가 줄어들며 장남과 아들에게 교육이나 투자를 몰아주던 풍조가 쇠퇴했다. 여성에게 고등교육 기회가 확대됨에 따라 대학 내 여학생 비율도 점차 높아져 1990년대 후반에 이르면 남녀 성비가 1:1에 근접한다. 그에 맞춰 여성 일자리가 늘어났다. 높아진 교육 수준이 견인한 효과이면서, 여성 노동력에 대한 자본의 요구에 따른 결과였다.

여성들은 결혼에 대해 새롭게 질문하기 시작했다. 더 이상 자신을 의탁할 재정 공동체를 꾸리는 게 목표가 아니라면 남성과 무엇으로 결합할 것인가. 사랑으로 결합한다는 관점이 주요해진다. 혹은 굳이 결합할 필요가 없겠다는 관점이 등장한다. 좀 더 다양한 세목들이

—

고려의 대상으로 들어왔다. 내가 돈을 벌 수 있다면 남자에게 무엇을 바랄 것인가. 사랑의 자원이 될 만한 것들, 예컨대 아름다운 외모와 커뮤니케이션 능력, 공감 능력과 세심한 배려심 같은 것이 중요해졌다. 나이에 쫓겨 배우자를 급히 결정하기 바쁘던 여자들은 차차 느긋하고 신중한 평가자가 되어 갔다.

그렇다고 재정 계획으로서의 결혼이 완전히 사라진 것은 아니다. 여전히 사회 상층부는 남성 비율이 압도적이고, 출산과 육아, 남성 중심적 노동 문화 등으로 인해 여성의 경제력은 위협받기 쉽다. 지금도 남성에게 경제력은 중요한 자원으로, 남자를 보는 기준이 보완됐을 뿐 전체가 뒤바뀌는 일은 일어나지 않았다.

바뀐 것은 남자들의 상황이었다. 기술 발달로 노동력의 중요성이 급감하고 유연(이라 쓰고 불안정이라 읽는) 노동이 확대되자 4인 가족을 먹여 살릴 수 있을 만큼 벌 수 있는 일자리 수가 지난 세대에 비해 급격히 줄어들었다. 그리고 이 경쟁에 여자들이 참여하기 시작했다. 이전까지 여성은 남성끼리의 경쟁을 통해 배당되는 트로피였지 경쟁자가 아니었다. '기사도 정신'은 이렇게 열외인 여성에 대한 배려였다. 열외였던, 배당되던 여성들이 버젓이 경쟁에 발을 들이더니 자신보다 높은 자리를 꿰차기도 하고, 자신을 평가하며 퇴짜를 놓기도 한다는 것이 오늘날 남자들의 현실이다. 이러한 현실이 넘쳐 나는 여성혐오의 맥락이 아닐까.

국문과 대학원에 있었을 때, 흥미롭게 관찰했던 현상이 있다. 대학원생이라면 불안정 노동의 '끝판왕'이다. 교수가 될 수 있을지 누구도 쉽게 확신할 수 없다. 이런 상황에서도 남자 선배들은 의외로 연애도, 결혼도 잘했다. 인문학 전공자인 이들은 대체로 리버럴하고 가부장적인 남성성과 거리를 두었으며 대화에 능했다. 직업에 있어서의 핸디캡을 알기 때문에 가사 분담에도 적극적이었다. 물론 대체적으로 그렇다는 것이다. 이들이라고 문제가 없는 건 아니지만, 아무튼 다가오는 시대의 낭만적 관계 자원을 갖춘 새로운 유형의 남자들이라 할 만했다.

한편, SNS를 통해 알게 된 또 다른 남자 대학원생이 있다. 그가 쓰는 글들을 보면 남성으로서의 억울함과 여성에 대한 원망에 사로잡혀 있다는 것을 알 수 있었다. 그는 자신이 연애하지 못하는 이유를 여자들에게 돌렸다. 여전히 집 해 오고 월급 꼬박꼬박 가져올 남자를 찾는 여자들 때문에 자신이 선택받지 못한다고 생각하며, 자신과 비슷한 처지의 가난한 남성-청년들을 동정했다. 그는 지금이 어떤 시대인데 남성에게만 무거운 짐을 지우냐며 불평했지만, 내가 보기에 정작 향수에 사로잡힌 건 그였다. 그는 새 시대의 여성들을 감당할 준비나 되어 있을까. 건실함 하나 보고 남자를 선택했던 과거처럼, 그는 여자들이 자신의 미래를 높이 사 주면서, 결혼 비용은 반반으로 부담하고, 남자가 진 짐을 이해하면서 그의 노고에 고마워할 줄 아는, 세상에 없는 유니콘 같은 여성을 찾는 건 아닐까. 그가 정말 연애하고 싶다면 무엇을 해야 할지, 내 눈에는 너무나 명확히 보이는데 안타깝게도 그에게는 그렇지 않은 모양이었다. 그가 연애하지 않는 것이 여성들을 위하는 길일 것 같아 굳이 말을 섞진 않았다.

결혼이 곧 재정 계획이던 시절을 지나, 이제 결혼은 복잡해졌다. 흔히 하는 '여자들 눈이 높아져서'란 말은 반만 맞다. 물론 눈이 높아졌지만 그건 과거의 눈이 너무 바닥에 있었기 때문이다. 남성과 여성의 평등을 지향하는 21세기에 바닥에 있던 여성들 눈이 높아지는 것은 당연한 이치 같은 것이라 하겠다. 남성과 여성의 니즈는 이제 성별로 딱딱 구분되지 않으며, 서로 쉽게 일치하지도 않는다. 사회가 여성에게 이러저러한 핸디캡을 부과한 덕에 이전 세대 남자들이 큰 노력 없이도 결혼에 이를 수 있었다면, 이제는 복잡한 함수를 풀어야 한다.

———

이런 시대에 결혼을 희망한다는 건 남성이든 여성이든 저마다의 상황 속에서 새 시대의 '관계의 기술'을 익혀야 한다는 의미다. 나의 인생에서 결혼이 의미하는 바는 무엇인지, 결혼을 통해 이루고자 하는 관계의 이상은 어떤 것인지, 기성의 성 역할에서 벗어나 어떤 식으로 역할을 분담할 것인지, 무엇을 감당할 수 있고 없는지, 스스로에게 묻고 부지런히 맞춰 보는 수밖에.

자유와 평등

자유롭고 평등할수록 불안정해지는 관계의 역설

결혼 첫해, 나는 사람들이 왜 결혼을 하지 않으려는지를 깊이 이해하게 됐다. 특별한 문제는 없었다. 양가도 무탈했고, 모아 둔 돈으로 제주에서 살아 보기로 해서 당분간 '생업'의 압박도 없었으며, 집안일도 비교적 수월하게 나눴다. 말하자면 우리의 결혼 생활은 흔히 한국에서 결혼하기 힘든 이유로 꼽히는 여러 문제들이 제거된 '무균실' 같은 것이었다. 그럼에도 결혼한 지 얼마 지나지 않아, 나는 사람들이 왜 결혼을 안 하려는지를 이해하게 된 것이다.

그러니까 그건 결혼이라는 제도 차원이 아니라 '다른 누군가와 함께 산다는 것'의 본질과 관련 있었다. 함께 산다는 것은 매일매일 나와는 다른 '차이'와 마주해야 한다는 것을 의미한다. 우리는 정말 다양한 이유들로 싸웠다. 연애할 때도 싸웠지만, 같이 살면서는 더 사소한 문제로 더 격렬하게 싸웠다. 청소를 하다가는 걸레를 얼마나 꽉 짜야 하는가 하는 문제를 놓고 싸웠다.

—

47

추구하는 설거지의 완성도가 달라 싸웠다. 고양이가 아픈 기미를 보이는데 언제쯤 병원에 데려갈 것인지로 싸웠다. 혼자일 때는 문제될 것 없던 생활 습관 하나하나가 같이 살자 온통 암초로 돌변했다. 최종 보스는 '소비'였다. 다른 부부들 사례를 통해서도 이게 가장 큰 문제임을 알 수 있었는데, 두 사람이 있으면 반드시 한 사람은 적게 쓰는 쪽이, 나머지 한 사람은 많이 쓰는 쪽이 되기 때문이었다. 학생이었던 우리는 둘 다 매우 적게 쓰는 편에 속했지만 소용없었다. 둘이 되는 순간 그중 하나는 반드시 '(더) 많이 쓰는 쪽'이 된다.

흔히 틀린 게 아니라 다른 것이며, 다양성을 존중해야 한다고들 한다. 그러나 둘도 아니고, 셋도 아닌 고작 한 사람 입장을 포용하기가 너무나 어렵다. 포용하기 힘든 상대의 입장이란 가끔 놀라울 정도로 사소하다. 결혼하면 치약 짜는 법과 수저 꽂는 법으로 싸운다는 말이 거짓이 아니란 걸 알게 된다.

이런 차이들을 끝없이 조율해 나가는 것도 피로하지만, 또 하나 넘어야 할 산이 있었으니 노동의 배분 문제다. 결혼을 하면 한 가정을 유지하는 데 얼마나 많은 노동이 필요한지 깨닫게 된다. 종일 치워도 새롭게 치울 것이 계속 생기고, 고작 두 사람 분의 세 끼 밥만 차리고 치워도 하루가 눈 깜짝할 새 간다. 이걸 둘이서 나

—

뭐 해야 하는데, 인간이란 받는 것은 적게 느끼고 주는 것은 크다고 여기는 존재라 문제다. 나와 남편은 둘 다 집에서 일하는 프리랜서라 비교적 반반에 가까운 배분이 쉬운 편이었다. 비교 우위론에 입각하여 남편은 요리를, 나는 정리 정돈과 빨래를 맡게 됐다. 청소는 같이 했다. 이 균형에 대체로 만족하면서도 우리는 서로 자신이 좀 더 많이 한다고 느꼈다. 상대가 몰라준다 싶으면 그렇게 서운했다.

혼자는, 쉽다. 어차피 혼자 하는 거 남보다 더 한다고 억울할 일도 없고, 가사 중 일부를 외주화하기로 해도 아무도 나무라지 않는다. 혼자 사는 일이란 얼마나 편한가! 왜 굳이 같이 살려는지 물어야지, 비혼이 늘어나는 데는 설명이 필요 없어 보인다. 어느 한쪽에 경제적으로 의지하고 있다면 차라리 그건 참을 만한 큰 이유가 될 것이다. 억울하고 불편한 '같이 살기'에서 사랑은 힘이 없다. 사랑이란 애초부터 '자기 확신'이라, 정열과 정념이 시간에 흩어지고 나면 굳건한 객관적 토대를 지속하기 어려운 까닭이다. 생각해 보라, 내가 어떤 사람을 사랑한다는 것을 나의 확신 외에 무엇으로 증명할 수 있겠는가? 어느 순간 함께하기의 '피로'가 함께하고픈 '필요'를 초과하게 되면 우리는 고민하며 묻게 된다. 왜 나는 이 사람과 계속해서 함께하면서 이 모든 피로

—

를 감당해야 하는가?

이러한 감각은 결혼 생활의 어려움을 호소하는 일부 사람들만의 것은 아닌 듯하다. 울리히 벡과 엘리자베트 벡 게른샤임 부부는『사랑은 지독한 그러나 너무나 정상적인 혼란』에서 현대의 부부들이 겪고 있는 어려움에는 구조적인 요인이 있다고 말한다. 함께 살기가 예전보다 확실히 더 어려워진 게 맞다는 것이다. 그 어려움의 핵심을 '자유'와 '평등'의 문제로 정리할 수 있다. 먼저 평등의 문제는 '가정 내의 노동을 어떻게 배분하는 것이 공평한가' 하는 문제라 할 수 있다. 성별 분업이 확실하던 과거 산업 사회에서는 성별에 따라 짊어져야 할 짐이 정해져 있었다. 남성의 역할과 여성의 역할이 사회적으로 구분되어 있었다는 말이다. 그러니 고민할 것도 갈등할 것도 없이 각자 정해진 대로 자기 역할에 충실하면 그만이었다. 그러나 평등을 지향하는 현대의 부부들에게는 정해진 역할이랄 게 없고 모든 것이 협상의 대상이다. 많은 젊은 부부들에게 가사의 피로란 노동의 피로이기 전에 이 끝없는 협상이 야기하는 피로라 할 수 있다. 정답은 없고, 협상은 지난하다.

여성들이 보통 더 많은 짐을 지게 된다. 가장 먼저 교육의 기회가 평등해지면서 충분한 교육을 받은 여성들이 빠르게 밖에서 일하게 된 것에 비해, 남성들의 가사 분담은 더디게 이루어지고 있기 때문이다. 통계청이 발표한 〈2015 일·가정 양립 지표〉에 따르면 한국 남성들의 가사노동 시간은 여성들의 4분의 1 수준이었다. 남성 개인들이 가정에 좀 더 헌신하려 해도 노동환경이 협조적이지 않다.

한국에서 일과 가정은 함께 사는 부부 모두에게 양립이 아니라 양자택일의 대상이다. 한쪽이 일을 택하면, 한쪽은 가정을 책임져야 한다. 가부장제의 깊고 단단한 뿌리는 여전히 가정의 '가장'으로 남성을 지목한다. 결국 일을 포기하지 않는 여성은 일도 하면서 가사도 책임지게 되며, 더 많은 짐을 진 여성들 쪽에 당연히 불만과 요구가 많다. 반면 남성들은 현상 유지를 바라며 아내의 문제 제기를 회피한다. 흔히 말하는 '추격자-도망자 부부 모델'이다.

미국에서 부부 관계를 오랫동안 연구해 온 로스블럼 박사는 이런 때 여성들은 더 많은 짐을 지고 있으면서도 그에 더해 사태를 해결하고 관계를 원만하게 유지하기 위한 노력까지 떠맡아야 한다는 사실에 분노를 느낀다고 말한다. 불평등한 상황은 거꾸로 평등을 더욱 강력하게 요청한다. 평등에 대한 목소리는 커지지만, 부부들은 여전히 어떻게 해야 평등의 이상에 이를 수

—

51

있는지 잘 모른다.

　자유의 문제란 개인성에 대한 우리의 감각이 변화한 것과 관련이 있다. 타인이 나의 삶을 침범해 들어오는 것을 우리가 어디까지 용인할 수 있느냐는 것이다. 나는 친한 친구들 가운데 결혼을 가장 일찍 했다. 이제야 슬슬 유부 친구들이 생기고 있는 추세인데, 얼마 전 결혼한 친구가 너무 우울하다는 하소연을 했다. 남편이 회식 있는 날 일찍 집에 들어와 혼자 밥을 먹고 멍하니 있는데 자기 인생은 앞으로 계속 이런 식일 것 같아 우울했다는 것이다. 그 얘기만으로도 나는 그의 우울을 짐작했다. 나 역시 결혼하고 처음 1년 동안 그와 비슷한 알 수 없는 우울감에 시달렸다. 여러모로 행복한 와중에도 늘 마음의 일부는 우울했다.

　그건 일종의 '주권적 우울'이었다. 김홍중의 『사회학적 파상력』에서 이 개념을 발견하고 무릎을 쳤는데, 주권적 우울이란 스스로를 주권자로 인지하는 주체가 주권이 훼손되고 부정되는 체험 속에서 느끼는 마음의 부서짐이다. 원래는 세월호를 비롯한 일련의 사태 속에서 대중이 느낀 우울감을 가리키는 정치적인 함의를 가진 개념이지만, 나는 결혼한 여성의 우울 역시 설명할 수 있는 말이 아닌가 했다.

—

그 우울은 말하자면 더 이상 내 인생은 리셋이 불가능하다는 데서 오는 우울이다. 비혼의 인생은, 실제로는 그렇지 않겠지만, 이론적으로는 언제든지 리셋이 가능하다. 돈만 모으면 해외로 장기여행/연수를 떠날 수도 있고 아무 도시로나 이사할 수 있다. 꿈을 좇든 이직을 하든 원하는 대로 무엇이든 해 봐도 된다. 부모는 결국 자식을 이해하게 되어 있고 선택은 온전히 나의 몫이다. 거기다 새 연애도 가능하다. 새 연애란 모든 새로운 가능성의 응축이자 정수이자 상징이다. 그렇기에 결혼은 이 모든 것의 끝처럼 느껴졌다.

함께 사는 일이란 앞서 말했듯 나의 일부를 일상적으로 포기하는 일이다. 함께 사는 한, 내겐 너무 당연한 습관조차 자유롭게 고수할 수 없다. 여성들의 경제활동을 제한함으로써 같이 사는 것이 숙명이었던 시절, 우리는 좀 더 인내심을 가지고 개인성의 포기를 견딜 수 있었다. 정확히는 포기를 담당하는 성별이 따로 있었다. 그러나 남녀 모두에게 선언적으로나마 동등한 자유가 주어지자 상황이 달라졌다. 한쪽이 일방적으로 포기해야 할 이유가 없어진 상황은 여성에게 해방이었지만, 동시에 함께 살기의 가능성이 약화됐다. 독립과 자율을 바탕으로 한 자유로운 결사체들이 탄생해야 할 것 같은데 결론은 그리로 흘러가지 않았다. 이제껏 대가 없이 누려 온 것들을 성찰하고 여성들과 새롭게 관계 맺으려는 남성들은 소수였다. 때마침 일어난 소비사회로의 전환은 관계를 대하는 개인들의 태도를 쾌락 중심적으로 만들었다. 사람들은 타인을 예전만큼 잘 참을 수 없게 된 것이다. '자유로운 개인들'의 탄생이다. 그래서 벡 부부는 묻는다.

"평등하고 자유롭기를 원하는 두 개인은 과연 어떻게 두 사람의 사랑이 자라날 수 있을 공동의 지반을 찾아낼 수 있을까?"

새 시대의 부부들은 '길 없는 길'을 만들어 가야 하는 상황에 놓인 셈이다.

가정에서 페미니즘을 달성하는 일은 결코 쉽지 않다. 페미니즘이 달성된 가정 같은 건 역사적으로 존재한 적이 없기 때문이다.

여성이 참정권을 얻은 것이 20세기 초중반의 일이다. 대학에 가기 시작한 건 30~40년밖에 되지 않았다. 정도의 차이가 있을 뿐 지금의 우리를 키운 건 가부장제 하의 불평등한 가정이다. 그러니까 부부가 함께 '페미니즘적 가정'을 만드는 건 장님 두 사람이 손을 맞잡고 본 적 없는 코끼리를 그리려는 것과 비슷하다. 심지

—

어 둘의 입장은 상반된다. 노동의 배분 같은 문제에서는 첨예하다. 그래도 사랑하는 사이니까, 라고 생각했다가는 오산이다. 서로 사랑하는 인간이란, '그래 내가 저 사람을 사랑하니까 양보하자'고 통 크게 마음먹었다가도, '아니 근데 저 인간도 나를 사랑한다면서 왜 나만?'이라는 지당한 의문에 사로잡히고 마는 갈대 같은 존재다. 참조할 모델도 부족하고, 있다고 해도 가정마다 상황이 천차만별이다. 어쨌든 둘이서 지지고 볶아 각자의 균형에 도달해야 한다.

50대 50의 자유와 평등의 기계적인 적용이 답이 아니라는 것은 우리 모두 알고 있다. 부부가 자발적으로 자신들만의 균형을 찾아 가는 것이 중요할 텐데, 기울어진 운동장에서 합리적인 선택은 자주 여성들의 희생을 강요한다. 여성들은 이런 상황 속에서 자신의 희생이 충분히 주체적인지 자기 마음 역시 심문해야 한다. 한편 불안정한 노동시장은 남성들을 여성혐오적인 논리에 휘둘리기 쉽게 몰아가고 있다. 남성들은 불안정한 자신의 지위를 여성들을 후려치는 가상적인 방식으로 보상받으려 하고, 생물학적 질서를 들먹이며 여성들에게 과거의 역할을 강요하기도 한다.

불거진 자유와 평등의 문제 속에서 역설적이게도 가장 안정적인 부부 모델은 전통적인 성 역할에 충실한

—

부부 모델이다. 더 행복해서가 아니다. 이들에게는 기댈 문화적 표본이 존재하기 때문이다. 이들은 자유와 평등을 추구하는 부부들보다 자신들의 고통을 해명할 언어들을 더 많이 가지고 있고, 해결 방법도 더 쉽게 찾아낸다.

가끔은 "어쩌자고 페미니스트가 되어서!"라며 탄식한다. 결혼을 하지 않았거나, 페미니스트가 아니었더라면 훨씬 수월했을 것 같다. 함께 살기를 받쳐 주던, 혹은 강요하던 지지대들이 사라져 가는 시대에 굳이 같이 살기로 연을 맺었으니, 나와 남편 포함, 새 시대의 부부들은 더 많이 노력해야 할 운명이다. 그것만으로도 벅찬데, 평등하고 합리적인 함께 살기의 규칙 역시 새롭게 만들어야 하는 판국이다. 늘 도돌이표 같은 과정은 지난하고, 끝은 잘 보이지 않는다. 하지만 도래한 적 없는 평등하고 자유로운 사랑이 어떤 모습일지, 끝까지 밀고 나가고 싶어진다. 도달할 수만 있다면 그렇게 완성된 관계는 전에 없이 새롭고 멋질 것이다.

성차

생물학과 사회학 사이에서

남녀 사이에 '차이'의 강물이 흐르는가. 흐른다면 그것은 동네 실개천인가, 한강인가. 실개천이라면 돌 몇 개를 놓는 것만으로 건널 수 있겠지만, 한강이라면 문명이 이제껏 쌓아 온 기술과 자원을 총동원해 거대한 다리를 건설해야 할 것이다.

성차는 페미니스트가 되기 전부터 나의 오랜 탐구 주제였다. 이야기는 10여 년 전, 당시 만나던 두 번째 남자친구로부터 시작된다. 진화심리학의 신봉자였던 그는 나의 캐주얼한 일상 토크에 청하지도 않은 진화심리학적 주석 달기를 즐겨 했다. 대화는 이런 식이었다.

"요새 남친 연락이 뜸해져서 A가 고민이래."

내가 말하면, 그가 주석을 단다.

"남자는 여자보다 관계에 대한 흥미가 쉽게 떨어지는 편이지. 정자와 난자의 비대칭에서 비롯된 남녀 성 전략 차이 때문이라 어쩔 수 없어."

—

59

그는 몇 권 읽은 진화심리학서에 기반한 자기 나름의 분석 틀을 가지고 있었다. 연애와 관계에 대한 이야기를 할 때면 그는 언제나 '단호박'이었다.

"남자의 성욕과 여자의 성욕은 같을 수가 없어."

"남자들의 바람기는 유전자에 각인된 거야."

"여자들은 나쁜 남자를 좋아해."

하여, 진화심리학과 나의 사이는 첫 만남과 동시에 급속도로 멀어지기 시작했다.

진화심리학자들은 남녀 사이에 건널 수 없는 생물학적 차이가 있다고 설명한다. 예컨대 남녀가 다르다고 하는 것은 같은 종인데 생식기 모양이 조금 다르다는 차원이 아니라, 정자와 난자처럼 근본부터 다르다는 뜻이다. 둘은 일단 비대칭이다. 정자는 많고 쉴 새 없이 만들어지며 난자는 한 달에 한 번, 하나씩 배란된다. 이로부터 '남성은 여러 여성과 교미해 최대한 많은 정자를 퍼뜨리려 하고, 배란기가 정해져 있는 여성은 최대한 좋은 씨를 받고자 하며 아이를 낳고 키울 때까지 자신을 보호해 줄 남성을 찾는다'로 요약되는, 익히 잘 알려진 진화심리학의 대중적 공리가 완성된다. 여기서 한 발짝 더 내디디면 구남친처럼 제대로 알지도 못한 채 확언과 단언을 일삼게 된다.

진화심리학이 남자의 바람기 따위나 옹호해 주려

고 태어난 학문은 아닐 것이다. 현대인의 심리나 사회적 행동에서도 수만 년 전 수렵채집 시절 각인된 '본능'이 관찰되고 있다는 것, 그리고 인간의 어떤 행동들은 인문학의 렌즈가 아닌 과학의 렌즈로 들여다볼 때 가장 잘 설명된다는 것이 이 학문의 모토다.

다만 진화라는 것이 생식을 통해 수대에 걸쳐 일어나는 것이다 보니 하고 많은 인간의 행동 가운데 성 행동에 특히 관심을 가졌고, 성 행동을 조사하다 보니 남녀의 상이함에 집중하게 되어 오늘날 성차에 관한 여러 대중적 담론을 만들어 내게 되었다. 그런데 그게 이미 사회에 존재하는 현상을 과학적으로 해명하려는 시도라 아무래도 구조적으로 성차별적 현실에 기여하는 면이 있다. 연구자 개인은 아무리 그럴 의도가 없다고 해도 결과적으로 남성 중심적 사회에 만연한 문제들에 과학적 근거를 제공하는 모양새인 것이다. 아무튼 진화심리학자들에 따르면 남녀 사이에는 한강이 아니라 태평양 같은 것이 놓여 있다. 이 차이는 무시해도 되거나 극복할 수 있는 수준이 아니다.

진화심리학 베이스는 아니지만, 마찬가지로 태평양 같은 남녀의 차이를 주장하는 담론이 있다. '화성에서 온 남자, 금성에서 온 여자'류의 담론이 그것이다.

—

책뿐만 아니라 영화, TV 프로그램 등 아류가 워낙 많아 원전을 직접 읽어 보지 않아도 우리 모두 내용은 다 안다. 여자와 달리 남자는 문제가 생기면 함께 이야기해 해결하기보다 일단 자신만의 동굴로 들어간다는 '동굴의 비유' 등 주옥같은 비유를 남긴 고전이지만, 역시 압권은 제목이다. 화성과 금성 사이의 거리가 암시하듯 남성과 여성은 다른 별에서 온 전혀 다른 종족이라는 것이다. 이런 담론에 따르면 남녀 간의 대화란, 다른 행성 출신의 두 외계인이 상대는 못 알아듣는 자신만의 언어로 줄기차게 말하는 일방 소통이다. 진화심리학자가 남녀 사이에 존재하는 문제를 설명하고자 한다면, '화성남 금성녀' 담론들은 그 문제를 해결하고자 한다. 원조『화성에서 온 남자 금성에서 온 여자』의 저자 존 그레이 박사님의 육성으로 해결책을 들어 보자.

"서로의 차이를 명확히 인식하고 존중함으로써 우리는 이성을 대할 때의 혼란스러움을 줄일 수 있다. 남자들은 화성에서 오고 여자들은 금성에서 왔다는 것을 염두에 두면 모든 것이 분명해진다."

서로가 서로를 안다고 착각 말고, 전혀 모른다는 전제 하에 새로이 이해를 시작하자는 이 말은 얼핏 들기에 타당하고 이상적이다. 하지만 이 관계론의 문제점은, 이미 수차례 지적됐다. 남녀의 차이를 살펴보자며 박사가 은근슬쩍 여성에게 관계의 짐을 얹고 있음이 각론으로 갈수록 명백해지기 때문이다. 여성은 타인의 감정과 정서에 기민하게 반응하는 반면 남성은 선천적으로 그런 쪽에 무디니 여성들이 기다려 주라는 것이다. 다그치거나 보채지 말고.

여성이 냉담한 남성과의 관계에서 갑갑함을 느낀다면 그것은 남성의 특성을 여성이 이해하지 못하기 때문이다. 반면 여성의 정서적 욕구에 귀 기울이지 않는 남성은 무심함을 남성의 고유한 특성으로 인정받으며 면죄부를 얻는다. 뭔가 이상하지 않은가.

벨 훅스는 『사랑은 사치일까?』에서 다음과 같이 정리한다. "그레이는 선천적으로 관계 지향적인 여성의 이미지를 계속해서 환기시킨다. 남성들을 더 관계 지향적으로 만들기 위해서가 아니다. 그 대신 그는 남자들의 정서적 무심함을 정당화했다."

그러나 고백할 것이 있다. 이런 글을 쓰고 있지만, 한때 나는 존 그레이 박사님께 깊이 의지했던 적이 있다. 진화심리학을 신봉하던 구남친을 만날 때였다. '진심남'이라 하겠다. 진심남과의 관계는 잘 굴러가지 않아 내 애를 태웠는데, 그럴 때면 박사님의 처방이 언제나 효과를 발휘했다. 그가 동굴에 들어가면 돌려세우지 않고 그만의 시간을 주고, 내가 공감을 바라 꺼내는 이야기에 자꾸만 논리적인 해결책을 제시해도 '암, 그게 남성의 특성이지' 하며 넘기자 확실히 갈등이 줄고 서운할 일이 적어졌다.

여성에게 관계의 짐을 지운다는 비판에 그른 것이 하나 없음에도, 어쨌거나 관계를 대하는 나의 마인드 컨트롤에는 도움이 됐다. 그레이 박사는 베테랑이다. 그는 30여 년간 부부를 위한 상담 센터를 운영하면서 부부 간 갈등의 원인과 치유법 연구에 집중해 왔다. 위기에 처한 2만 5천여 부부를 상담한 뒤 내린 결론이 '화성남 금성녀'인 것이다. 미국의 베스트셀러 차트에서 227주 동안 1위를 하고, 50개 국으로 번역되어 5천만 부 이상 팔렸다는 걸 보면, 그레이 박사가 발견한(?) 남녀 특성에는 문화 간 차이도 없는 모양이다. 사실 벨 훅스도 여성의 관계 지향성을 부정하진 않았다. 성차가 존재한다면, 여성으로서 관계 지향성을 좀 더 능동적으로 받아들이는 게 내 마음의 평정과 관계에 좀 더 이롭지 않을까? 특히 부부라면 더욱 그렇다. 내 짐이 많니, 네 짐이 많니 싸워 봐야 제로섬이 아닐까?

속단은 이르다. 부부 사이의 갈등과 성차 문제에 그레이와는 전혀 다른 방식으로 접근한 실험이 있다.

—

UC버클리의 심리학자들은 그레이와 마찬가지로 부부 사이 갈등에서 남녀 고유의 반응 기제가 있다는 것을 발견했지만, 이를 성차의 문제로 단정하지 않았다. 대신 그들은 어디까지가 생물학의 문제고 어디부터가 문화의 영향인지 검토하고자 했다. 성차가 없는 부부, 즉 동성애자 부부를 이성애자 부부의 대조군으로 놓고 갈등 양상을 비교한 것이다.

흔히 이성애자 부부 사이에 나타나는 관계 유형으로 '추격자-도망자' 유형이 있다. 이 유형의 부부는 갈등 상황에서 한쪽은 적극적으로 문제 제기를 하는 반면 한쪽은 회피하며 달아난다. 그레이 식 표현으로 하자면 '자신만의 동굴로 후퇴'한다. 동굴 비유에서 알 수 있듯 대개 도망자는 남성, 추격자는 여성이다. 그레이는 이로부터 도망은 화성남의 특성이니 금성녀는 화성남의 동굴 취향을 존중하라는 판결을 내렸다.

하지만 UC버클리의 심리학자 세라 홀리 박사의 결론은 다르다. 동성애자 커플과 이성애자 커플을 고루 분석한 결과, 홀리는 이 패턴이 성차가 없는 동성 연인들에게도 나타난다는 것을 밝혀냈다. 화성남 둘을 모아놓아도 한 사람은 추격자를 맡고, 금성녀 둘을 모아 놓아도 그중 하나는 도망자가 된다.

홀리 박사는 추격자와 도망자를 가르는 것은 성차

—

가 아니라, 관계 주도권의 유무라 말한다. 주도권이 없고 관계에서 더 많은 불만을 감수하고 있는 자가 추격자가 된다. 도망자는 남성 고유의 특성이 아니라 가진 게 더 많은 쪽이다. 상대의 불만에 정면으로 응수해 봐야 귀찮고 피곤한 일만 생기니 일단 피하는 것이다.

『연애와 결혼의 과학』에서 타라 파커포프는 홀리의 실험을 인용하며 주도권 싸움에 대해 다음과 같이 덧붙인다. "주로 가용 자원이 많은 배우자가 주도권을 쥐는 경향이 있다. 그것은 학력일 수도 있고 더 높은 사회적 지위일 수도 있다."

이성애자 부부의 경우 남성이 관계의 주도권을 쥐는 경우가 많다. 남녀가 불평등한 사회에서 남성은 더 쉽게 더 많은 유·무형의 자원을 확보한다. 두 사람이 비슷한 사회적 지위와 수입을 가진 경우에도 상황은 크게 다르지 않다. 맞벌이를 하는 부부의 가사 분담률이 상이한 이유일 것이다. 사회 분위기 전체가 남성의 다양한 변명에 온정적이며, 똑같이 일을 해도 남성에게 더 많은 기회가 있다고 가정된다. 관계에서 더 많은 짐을 지고 있기에 더 많은 불만을 가질 수밖에 없는 여성들에게 문제 해결의 열쇠는 너에게 있다는 그레이 식의 조언은 그야말로 환장 대잔치다. 갈등을 유발한 원인은 그대로 둔 채 이를 원만히 해결하는 과제마저 관계의 약자에게 얹어 주는 꼴이기 때문이다.

  다시 진심남을 불러와 보자. 그보다 여섯 살이 어
렸던 나는 뭔가 문제가 생길 때마다 하고 싶은 말도, 묻
고 싶은 말도 너무 많았다. 상황을 이해하고 싶었고 그
의 내심을 듣고 싶었고 결국은 그를 용서하고 싶었다.
그러나 그에게는 이 모든 것이 피곤했으리라. 그는 경
험이 많았고, 나만큼 우리 관계에 많은 것을 걸고 있지
않았다. 그는 나의 요구와 바람을 모르지 않으면서 그
저 내가 제풀에 지칠 때까지 내버려 뒀다. 그래도 별 문
제 없었기 때문이다. 그는 덜 절실하고, 관계에서 더 많
은 자원을 쥔 도망자였다.
  생물학적 성차는 물론 존재한다. '문화의 영향이
더 크다'는 주장을 하기 위해 으레 하는 인정이 아니라,
성차에 관한 여러 연구를 읽고 스스로 내린 결론이다.
진심남과 헤어진 후 나는 진화심리학 책을 비롯해 성차
를 연구한 여러 과학서를 탐독했다. 그의 주장이 틀렸
음을 증명하고 싶었고, 생물학적 성차가 존재한다 한들
문화가 더 많은 것을 설명할 수 있다는 확신을 갖고 싶
었다. 타고난 본성이 아니라 문화의 문제라면 우리는
좀 더 적극적으로 개입할 수 있으니까. 그러나 생물학
의 힘은 생각보다 컸다.

—

존 머니 박사의 '브렌다 라이머' 실험에 대해 알게 되었을 때, 나는 진심으로 안타까웠다. 성 정체성이 양육에 의해 형성된다는 존 머니 박사의 이론은 남녀 차이가 사회적으로 만들어진다고 주장하는 페미니즘 운동에 힘을 실어 주기도 했다. 하지만 그의 실험은 최소한의 윤리조차 저버린 끔찍한 실험이었음이 훗날 밝혀졌다.

존 머니 박사는 문화의 힘을 증명하기 위해 한 사람의 인생을 실험 대상으로 삼은 희대의 '매드 사이언티스트'다. 그는 포경 수술 중에 성기를 손상당한 신생아 남아의 부모가 찾아왔을 때 거세한 후 여자아이로 키우도록 조언했다. 마침 그 아이는 일란성 쌍둥이어서, 만약 그가 여자로 잘 자라난다면 그의 쌍둥이 형제와 비교해 유전자와 환경이 동일함에도 사회가 여성으로 호명하는 것만으로 여성성이 만들어진다는 명제를 증명할 기회였기 때문이다. 그러나 브렌다로 불렸던 브루스는 유년기 내내 성 정체성의 혼란을 겪었고, 자신의 비밀을 알게 된 후에는 다시 이름을 데이비드로 개명하고 남성으로 살기를 택했다. 사회의 호명에도 바꿀 수 없는 생물학의 영역이 있었던 것이다. 박사는 이 사실을 숨기고 실험이 성공적이라고 주장하다 역풍을 맞고 문화론자들의 발언권을 축소시키는 데 일조했다. 결

—

국 데이비드는 2004년 자살로 생을 마감했다.

생물학적인 성별의 차이를 부정할 수는 없다. 그럼에도 성차에 대한 나의 결론은 사회적인 것으로 기울었다. 생물학은 바꿀 수 없기 때문이다. 우리가 동물이 아닌 인간으로서 더 나은 생을 위해 무언가를 바꾸고자 한다면, 바꿀 수 있는 건 문화의 영역뿐이다. 성차를 구성하는 사회학의 영역을 계속해서 탐구해야 하는 이유다. 동시에 사회학과 생물학의 경계가 어떻게 그어져 있는지에 대해 우리는 여전히 아는 바가 적다는 사실을 기억해야 한다.

동성애자 부부의 사례를 보라. 우리가 너무나 당연하게 성차 때문일 거라 여겨 온 문제, 성차로 설명하면 너무나 간편한 현상도 더 많은 연구가 필요하다. 모든 문제에는 생물학적 성차와 사회 구조적 요인이 동시에 작용하고 있다. 다른 모델로도 설명할 수 있는 문제를 우리는 지나치게 성차 모델에 의존하고 있는지도 모른다.

실제로 남편과 살며, 나는 성차 모델이 너무나 허술하다는 것을 알게 됐다. 결혼한 첫해에 우리는 정말 많이 싸웠는데, '동굴로 들어가기'는 남성의 전매특허가 아니었다. 나든 남편이든 방어하는 입장일 때는 적당히 못 들은 척하거나 회피하는 경향이 있었고, 불만이 있고 요구가 명확한 사람은 열렬히 쫓아다니며 추격자를 맡았다. 주도권이 한쪽에게 일방적으로 있는 관계가 아니었기에 우리는 숱하게 양쪽을 오갔다.

우리의 갈등 패턴에 성차보다 큰 영향을 미친 것은 내가 보기엔 따로 있었다. 부모의 양육 스타일을 독재적/권위적/허용적/방임적 네 가지 유형으로 구분한 것을 본 적 있다. 네 유형을 가르는 두 축은 아이에 대한 관심/반응의 정도와 요구/제재의 정도다. 아이의 목소리에 귀 기울이지 않으면서 요구와 제재가 많으면 독재적 양육, 적절한 제한을 가하며 충분히 설명하고 아이의 반응에도 민감하면 권위적 양육, 많이 요구하지 않고 제한하지 않으면서 관심과 반응이 많을 때는 허용적 양육, 관심도 없고 제재도 없을 때는 방임적 양육이다.

나는 말하자면 허용적 양육 방식으로 키워졌다. 부모님은 내게 많은 자율성을 부여했고 내가 무엇을 하든 허용해 주는 편이었다. 크게 혼이 나 본 기억이 없다. 잘못을 안 해서가 아니었다. 잘못을 인정하기 싫어 오기를 부리거나 말도 안 되는 변명을 늘어놓더라도 부모님은 묵묵히 들어 줬고, 나는 뻔히 내 잘못을 아는데도 나를 다그치지 않는 부모님을 보면서 결국에는 반성했다.

—

양육 이론가들에 따르면 이런 허용적 양육이 그다지 좋은 방식은 아니라고 한다. 나는 알 것 같았다. 부모님의 흔들리지 않는 신뢰 속에서 스스로 반성하는 것 자체는 딱히 문제가 없었지만, 세상은 부모 같지 않다. 나는 잘못을 잘 인정하지 못하는 경향이 있고, 내 잘못을 알면서도 자주 상대에게 전면적인 수용을 바란다. 공교롭게도 남편이 가장 싫어하는 유형이 자기 잘못을 인정하지 않는 사람이었다. 남편의 잘못/수용 회로는 나보다 훨씬 심플했다. 잘못은 그 사람의 본질이 아니므로 잘못했으면 그냥 인정하고 사과하면 된다. 수용 같은 개념이 필요할 일이 없고 반성은 이후에 각자 하는 것이다.

그래서 남편과 싸울 때면 나는 언제나 남편이 지나치게 매정하다고 느꼈다. 내가 상대가 받아 주기를 바라면서 던지는, 떼쓰는 듯한 제스처들에 남편은 결코 내가 바랐던 방식대로 반응해 주지 않았다. 그는 그 제스처들에서 잘못을 인정하지 못하는 유아적인 태도를 읽었다. 던지는 제스처마다 오해되는 나로서는 서운할 수밖에. 시부모님의 양육 방식은 (내가 완전히 알 수는 없지만) 권위적 양육에 가까웠던 것 같다. 언젠가 남편이 엄마는 절대 세 번을 달래 주지 않았다고 한 적이 있다. 남편이 부모님에게 사랑받는 방식은 자신의 잘못을 빨

—

71

리 인정하고 어른스럽게 극복하는 것이었을 것이다. 대신 그 극복과 성장에 있어 그의 부모님은 독려를 아끼지 않았을 것이다. 그러니 그에게 수용이란 상대의 반성을 이끌어 내기 위해 선행되는 것이 아니다. 오히려 모든 과정이 다 끝나고 서로가 서로를 좀 더 이해하게 됐을 때 결과적으로 이르게 되는 작용이다.

같이 지내는 시간이 길어질수록 우리의 관계를 분석하는 틀은 점점 섬세해졌고, 남과 여로 가르는 뭉툭한 틀과는 비교할 수 없을 만큼 정교해졌다. 애착 유형과 유년 시절의 트라우마, 연애사를 비롯한 각자가 살아온 서른 해 남짓한 역사, 그리고 우리 관계의 역사까지. 성차를 논한 과학서들을 흥미롭게 읽었고, 가끔 사회를 큰 틀에서 분석할 때는 이용해 보기도 했지만 그걸 우리 관계에 적용하지는 않게 됐다.

우리 사이에는 남성과 여성의 일반적인 차이보다 훨씬 많은 차이가 있고, 함께 살며 닮아 간 부분으로 따진다면 무작위로 선택한 동성보다는 서로가 훨씬 비슷해졌다. 성차 모델은 사랑하는 이들이 가질 수 있는 그들만의 독특한 관계를 분석하기에는 가장 무딘 도구가 아닐까? 우리는 더 섬세해질 수 있다. 서로에 대한 정보가 없는, 이제 막 시작하는 연인들이라면 모를까, 개별성에 대한 이해가 깊은 오래된 관계에서 성차론은 그다

———

지 힘이 없다.

성차에 집착할수록, 관계의 문제는 풀기 어려워진다. 상대방의 불만이나 주장을 번번이 '남자라서' 혹은 '여자라서'라는 말로 선을 그어 버릴 수 있기 때문이다. 그런 태도는 상대의 말과 행동에 진심으로 주의를 기울이지 못하게 한다.

그리고 언제나 명심해야 한다. 성차, 본능, 자연 같은 단어를 들먹이는 이들은 언제나 권력을 가진 이들이었다는 것을. 그들은 다만 약자들이 자신들의 믿음에 위배되는 무언가를 들고 오면 저 단어를 꺼낸다. 성차가 존재하듯 본능과 자연은 존재하지만, 그것은 동일한 모습이 아니라 언제나 해석의 대상일 것이다.

—

한남

어느 한남 페미니스트의 고백

메갈리아가 처음 나왔을 때, 그 짜릿함을 기억한다. 6.9cm, 실자지, 자들자들 같은 자극적인 신조어들을 보며 나는 오랫동안 느껴 온 불편함의 실체를 깨달았다. 커뮤니티든 댓글창이든, 인터넷 문화가 형성된 이래 여성에 대한 희롱과 비하는 다 함께 웃고 즐기는 하나의 농담 코드였다. 코드일 뿐이니 이성적인 비판이 무의미했다. 비판하는 이들은 분위기 흐리는 프로불편러, 썹선비, 진지충이 됐다.

메갈리아는 구구절절 설명하거나 설득하지 않고 심플하게 입장을 바꾸어 보여 주었다. 효과는 대단했다. 다만 미러링에 불쾌해하면서도 여성혐오적 코드를 근본적으로 반성하는 남성들은 적었다. 자신의 불쾌감에서 그동안 여자들이 느꼈을 불쾌감과 불편, 여성들의 입장을 헤아려 볼 수도 있을 텐데, 제자리에서 한 발짝도 벗어나지 못하는 이들이 한심했다. 그러나 초반의 전복적인 유쾌함이 가시고 이 역시 하나의 코드가 되어

—

77

본격적으로 한남의 일상을 두드려 패기 시작했을 때, 그 담론들에 나는 전처럼 쉽게 동승하지 못했다. 메갈리아의 방식에 비판적 인식을 지니고 있어서가 아니었다. 내가, 한남이었기 때문이다.

나와 남편은 제주에서 전통적인 남편과 아내의 역할을 바꾸어 산다. 나는 풀타임으로 잡지사에 다니고 남편은 프리랜서로 글을 쓰며 집을 지킨다. 결혼하고 제주에 내려오기 전, 우리는 둘 다 대학원생이었다. 나는 석사 논문을, 그는 박사 논문을 쓰고 시간강사를 거쳐 안정적인 자리를 찾아야 하는 상황이었는데 둘 다 성실한 연구자가 못 되었다. 2015년은 제주 붐의 끝물이었다 시부모님께는 은퇴 후 내려가실 요량으로 오래전 제주에 사 놓은 땅이 있었고, 연구자로서의 미래가 잘 그려지지 않았던 우리는 제주에 살아 보면 어떨까 하는 생각이 들었다. 이 정도 구상 외에 아무 생각 없이 제주살이를 시작했다.

우리는 일단 각자 쓰고 싶은 글을 쓰기로 했다. 그런데 남편은 사람을 적게 만나고 혼자 글 쓰는 삶이 적성에 맞았던 반면, 나는 내려간 지 얼마 되지 않아 취직이 간절해졌다. 사람을 만나고 싶었고 나의 쓸모를 '셀프'로 궁구하는 일에 지쳐 있었다. 남편보다 나의 커리

—

어가 훨씬 불안하기 때문이기도 했다. 제주에서도 그에게는 청탁과 작업 의뢰가 있었으나 나의 글쓰기 커리어는 맹아에 불과했다. 나는 일자리를 알아보기 시작했고, 얼마 뒤 내가 바깥일을 하고 그가 가사를 맡는 생활이 자리 잡게 되었다. 이 상황은 우리에게 서로 다른 결과를 초래했다. 내가 일하고 남편이 집에 있는 상태가 길어질수록, 나는 자꾸만 내 안의 '한남성'을 발견했고 남편은 페미니스트로 거듭나기 시작한 것이다.

이를테면 이런 것이다. 집 안의 모든 물건이 제자리에 놓여 있어야 안정감을 느끼는 나는 집이 늘 그런 상태이기를 바란다. 그러니 퇴근하고 돌아와 첫마디가 "뭐야, 집이 왜 이렇게 지저분해"였던 일이 몇 번 있었다. 남편은 내게 그 말을 남자가 가정주부인 아내에게 했다고 생각해 보라고 했다. 생각해 보니 너무 나쁜 말이었다. '당신 집에서 놀았어?'라는 뜻이기도 하고, 청소는 빠뜨렸다 하더라도 그가 온종일 한 다른 가사노동을 무시하는 말이기도 했으니까. 실제로 남편이 청소를 빠뜨린 것도 아니었다. 그는 정리파인 나와 달리 바닥 닦기를 좋아한다. 열까지 맞춘 기물 정리는 성격과 취향의 문제라, 집에 있다는 이유로 남편에게 내 기준에 맞춰 청소하라고 강요할 수는 없다. 남편이 정성스레 차려 준 밥상 앞에 앉아 반찬 투정을 하다 참교육을 받은 것도 여러 번이다.

한번은 남편이 전기밥솥에 밥하는 걸 보는데 양이 너무 많아 보였다.

"밥을 왜 이렇게 많이 해. 한두 끼 정도만 해야지."

"그러면 너무 자주 해야 하잖아."

"그래도 묵혀 먹으면 맛없는데. 새 밥 먹어야지. 우리 엄마는 그렇게 해 줬어."

남편은 이마에 참을 인을 세 개 정도 그린 뒤 간신히 미소로 답했다.

"그 말을, 남자가 했다고 생각해 봐."

나는 정말이지 무신경한 실수를 셀 수 없이 했다. 주부 생활 2년 만에 남편에게도 위기가 찾아온 적이 있었다. 벌이에 대한 고민 때문이었다. 여기저기 글을 쓰긴 하지만 고료는 용돈 수준을 벗어나지 않는다. 아내의 월급이 많은 것도 아닌데 이대로 살아도 괜찮을까 하는 불안이 스멀스멀 올라왔던 것이다. 보통은 그러다 마는데, 그날은 유독 심했던지 평소 보던 구인 사이트에서 발견한 일자리에 면접을 보러 갔다. 참고로 남편은 요식업 꿈나무다. 그가 찾은 곳은 밤늦게까지 문을 여는 읍내의 곱창집이었다. 식당 사장은 오래 같이 일할 사람을 구하고 있다며, 남편에게 조리 경력은 없지만 잘해 준다면 주방을 맡기고 싶다고 했다. 그렇게 다음 주 출근이 확정됐다. 곱창을 볶을 생각에 설레며 돌아온 그에게 나는 난리를 쳤다. 어떻게 그런 결정을 혼자 할 수 있어! 내가 퇴근하면 자기가 출근한다는 건데 그럼 우린 언제 보니? 주말에도 일하면 우리 시간은 언제 가져, 누가 일하지 말래? 하고 싶으면 자기도 나처럼 낮에 해! 기타 등등. 한바탕 열을 내고서 스스로 깨달았다. 이거 주부들이 나가서 돈 벌어 오겠다고 하면 남성 가부장들이 아내 주저앉히려고 하는 대사랑 되게 비슷하구나……. 자매품으로 '몇 푼이나 번다고', '밥은 그럼 누가 해' 등이 있다. 나의 스위트홈의 이상도 다시 들여다보게 됐다. 퇴근했을 때 남편이 밥을 해 놓고 고양이들과 나를 기다리고 있었으면 했구나. 내가 가계를 오롯이 책임질 만큼 많이 버는 것도 아니면서.

'바깥양반'을 맡자, 나는 너무나 쉽게 한남의 자리에 섰다. 한남이란 무엇이고, 한남과 페미니스트를 가르는 것은 무엇인가. 그것은 이념과 지향의 문제 같지만 그 이전에, 각자가 처한 입장의 문제였고, 결국은 실천의 문제였다. 나는 일련의 과정을 겪으며 입장이 이념과 지향을 배반하기란 얼마나 쉬우며, 실천과 멀어지기는 또 얼마나 쉬운지 알게 됐다.

남편은 자신이 차차 페미니스트에 다가갈 운명이

라는 것을 알고 있었을까? 사실 남편은 '당신은 페미니스트인가' 하는 나의 물음에 썩 시원한 답을 하지 않아왔다. 그는 2000년대 초반 대학가의 강성 페미니스트 선배들에게 고강도 교육을 받고 페미니즘적인 의식화(?)는 되었으나 동시에 그런 방식의 교육이 갖는 문제점도 알게 됐다. 게다가 그는 태생이 회의주의자에 냉소주의자였다. 운동의 가능성과 진정성은 믿는다. 그러나 운동이 가장 뜨거운 순간에도 쉽사리 휩쓸리지 않는 냉정함을 습관처럼 지녔다. 쉽게 달아오르는 나와는 반대였다. 그는 책을 읽을 때도 텍스트에 비판적인 거리를 유지하고, 동의할 수 없는 지점에 대해 깊이 따져 봐야 한다고 생각하는 타입이다.

남편은 페미니스트일까? 이슈에 대한 논쟁을 해보면, 그의 입장은 나의 입장과 그렇게 멀지 않았다. 그러나 대놓고 물어보면 자신은 특정 '주의자'가 될 수 없는 회의적 인간이다, 사회주의를 지향하지만 사회주의자는 아닌 것과 마찬가지로 페미니즘을 지향하지만 페미니스트는 아니라는 둥 술은 마셨지만 음주운전은 아니라는 건가 싶은 '운동권스러운' 말잔치만 늘어놓았다.

시간이 흐르면서 나는 페미니즘에 대한 그의 모호한 태도를 조금은 이해하게 됐다. 서른 해 넘게 한국 사회에서 산 일반 남성이 신체의 일부처럼 갖게 된 '한남

—

성'(이라고 하자)이 있다. 그건 복잡하게 얽혀 있어서 의식적으로 지양한다고 일순간에 이별하거나 깨끗하게 도려낼 수 있는 것이 아니다. 이런 자기 안의 한남성을 모르지 않으면서 페미니스트라 말하는 데 대한 불편함이 그에게는 있었다.

사실 그런 이물감은 내게도 있다. 고백했다시피 나는 가만히 두면 자꾸 가부장적인 행동을 한다. 더 열악한 조건에서도 더 훌륭한 지향과 태도로 살아가는 페미니스트들이 있는데 내가 페미니스트라고 나서서 발언해도 되는가 하는 자문에 명확하고 자신 있게 답할 수 없다. 그럼에도 생물학적 여자이기 때문에 주어지는 자유로움이 있다. 흑인이 흑인성을 조롱할 수 있는 것처럼 나 역시 내 안의 한남성을 조롱하며 페미니스트라고 정체화할 수 있다. 남성인 그는 좀 더 어려우리라.

그래서 남편이 페미니스트인지 캐묻는 일은 그만두었는가 하면, 그건 아니지만 다음과 같은 표를 만들어 보았다. 어차피 자기 확신과 자기 규정의 세계는 광범하고 복잡하다. 그런 복잡한 층위를 떠나 좀 더 단순하고 간편하게 페미니스트인지 아닌지를 판별해 볼 수는 없을까. 이 땅의 이천만 여성들은 지질하거나, 위험하거나, 지질하고 위험한 남성들로부터 스스로를 보호해야 하는 상황에 처해 있다. 일상에서 만나는 남성이 페미니스트로서의 자질 혹은 싹을 갖추었는지 가려내는 것은 중요하다. 남성 중심적 현실에 대한 비판적 문제의식을 x축으로, 문제적 현실에 대한 구조적 접근의 정도를 y축으로 놓아 보자. 여성차별적인 현실을 인지하고 인정하면 x축 +(플러스), 남성이 역차별받고 있다고 생각한다면 -(마이너스)다. y축은 말이 복잡해 보이지만 정치적 진보와 보수를 가리킨다. 문제를 구조적으로 파악하고 해결의 접근 방향 역시 같다면 +, 개인화하여 해결하려 한다면 -다. 그렇게 다음과 같은 표가 탄생한다.

물론 이건 매우 거친 도식화이며, 실제로 우리의 삶은 이렇게 단순화하기 어렵다. 1사분면에 속한 페미니스트 남성이라 해도 자신의 이익과 직결된 일상의 문제에서는 다른 입장을 가질 수 있고 그 역도 성립한다. 이건 일종의 농담이다. 이렇게까지 해서라도 페미니즘 이슈를 함께 나눌 수 있는 신뢰 가능한 남성을 가려내고 싶은 열망이 반영된.

다시 남편 이야기로 돌아가자. 한사코 스스로 페미니스트라 정체화하기를 꺼려하던 남편은 요즘 태도가 바뀌었다. 그는 나의 한남성에 치를 떨며 여성의 입장에 깊이 공감하게 되었고, 내 아내의 한남성을 고쳐야

정치적으로 진보지만, 여성들에게 피해의식을 갖고 있음 **-오유**	정치적으로 진보이며, 여성들의 말에 적극적으로 귀 기울이고 상황을 구조적으로 해결하고자 함 **-페미니스트**
정치적으로 보수이며, 여성들을 혐오 **-일베**	정치적으로 보수이고, 여성의 문제가 구조적이라고 생각하지 않음. 다만 개인적 차원에서 여성의 현실을 염려 **-온정적 가부장**

y

x

하는 것과 마찬가지로 다른 남편들의 한남성 역시 시정되어야 한다는, 경험으로부터 비롯된 입장을 갖게 되었다. 그는 생물학적 남성으로서 페미니스트를 자처하는 부담감에서 다소 벗어나 고통의 연대를 맺게 된 듯하다. 이것은 결과적으로 나의 공로라 해야 할 것이다. 눈에는 눈, 이에는 이, 한남에는 한남. 나의 한남성에도 쓸모가 있었다.

나의 반성이 뭇 한남들의 알리바이로 쓰이는 일은 없으면 한다. '그럴 수도 있겠구나' 하는 나의 이해가 '그래도 된다'는 정당화를 뜻하는 건 아니다. 내 사례는 입장을 바꾸어 보는 경험이 이렇게나 중요하다는 근거 정도로 쓰이면 좋겠다.

육아 휴직을 써 본 맞벌이 가정 남성들은 아주 빠른 시간 내에 아내의 고통을 이해한다. 자신의 쓸모가 미약해지는 것 같은 위축감, 다시 사회로 돌아갈 수 없을 것 같은 불안감, 가사노동에 대한 사회의 저평가로 인한 억울함, 돈 버는 일에서 면제되었다는 이유로 그것을 제외한 모든 집안일이 자신의 책임이 되어 버리는 부담감, 상대가 왠지 나를 무시하는 것 같은 피해의식. 여성 커뮤니티의 평범한 하소연에 구구절절 공감하게 된다. 인간은 상상할 줄 아는 동물이라는데, 한 번만 실제로 그 입장이 되어 보면 비교적 수월하게 깨치는 것들을 그 전에는 그토록 상상하기 어렵다. 그건 아마 그 상상이 자신의 현재와 편안한 지위를 위협하기 때문이기도 할 것이다.

끝으로 나와 남편이 입장을 바꾸어 살 수 있는 토대에 대해서도 말해야겠다.

요즘 비교적 우리 같은 커플이 많아졌다고는 하지만, 우리 부부가 이런 생활을 지속하며 평화롭게 살 수 있는 건 어느 정도는 우리가 제주에 와 있기 때문이다. 제주에서 우리는 둘 다 새롭게 시작하는 처지였다. 기대 소득에 차이가 없었고, 조금이라도 더 젊은 내가 차라리 취직이 용이했다.

서울에서라면 이야기가 달랐을 것이다. 석사 수료에 그친 나보다는 박사 과정에 있던 남편이 강의 자리를 따내든 계약직 자리를 찾든 일을 할 가능성이 좀 더 높았을 것이다. 이렇게 사는 생활에 별다른 압박이 없는 것도 이곳이 제주인 덕분이 크다.

서울에서 알던 지인들은 남편이 공부를 그만둔 것을 아까워하며 지금이라도 박사를 하라고 권유한다. 남자인 네가 일하는 것이 '더' 안정적이지 않겠냐는 말을 젊은 세대도 아무렇지 않게 건넨다. 그러나 그들은 멀리 있다. 가까이 살며 교류하는 제주 이주민들은 우리

—

보다 더 유연하게 자기들만의 방식으로 사는 이들이 많고, 피차 통상적인 삶의 궤도로부터 (임시적으로든 장기적으로든) 이탈한 이들이라 남의 삶에 '고나리질'하는 데 관심이 없다.

그러니까 우리는 단순히 지리적으로만 중심에서 멀리 떨어져 있는 게 아니라, 기성의 질서로부터도 조금은 멀리 있다.

서울에서라면 내가 벌고 남편이 주부인 생활을 지금처럼 잘해 낼 수 있을까? 역할을 바꾸어 사는 건 그렇다 치고, 일단 한 사람의 소득만으로 살기에 적잖이 빠듯할 것이다. 이 빠듯한 삶을 주위 사람들과 비교하지 않을 자신도 없다. 결국 이게 신념의 문제만은 아님을 깨닫는다. 상황이 바뀌면 입장 역시 변화를 겪는다. 우리의 선택은 그러므로 중심의 압력으로부터 계속 거리를 유지하는 것이다. 중심에서 떨어져 각자 한남과 페미 사이를 오가며, 우리의 '부부 관계'를 실험해 볼 생각이다.

시가*

가족 제도의 문화 지체

* 원래 이 장의 제목은 '시댁'이었다. 표준국어대사전에는 남편의 집 안을 높여 부르는 '시댁'의 대칭으로 아내의 집안을 높여 부르는 '처가댁'이 등재되어 있지만, 일상에서는 주로 '시댁'과 '처가'가 사용된다. 남편의 집안만 '댁'으로 높여 쓰는 언어 관행에 문제를 제기하고 성평등한 언어를 사용하려는 의미에서, 이 책에서는 '시 가'를 썼다. 최근엔 언론에서도 점차 시댁을 '시가'로 바꿔 사용하 고 있다.

"결혼 전에 내가 얼마나 행복하고 건강한 사람이었는데!"

다큐멘터리 〈B급 며느리〉에서 감독의 아내이자 주인공인 'B급 며느리' 진영이 외친다. 시가 문제로 갈등을 겪고 있는 이 땅 위 며느리들의 회한을 집약한 말이 아닐까 한다. 남편이 좋아서 결혼했는데, 관계의 시작에는 없던 이들로 인해 사랑은 닳고 결혼 자체가 위협받는다. 이런 상황은 결혼을 고민하는 여성들에게 가장 공포스러울 것이다. 시가 문제는 예측을 불허하기 때문이다. 발병률이 대략 70%쯤 되는 바이러스 같은 것인데, 실제로 접촉하기 전까지는 내가 행운의 소수에 속할지 고통의 다수에 속할지 알 수 없다. 아직까지 공식적인 치료법도 없는 상태. 여성들은 사실 도박하는 기분으로 결혼에 임한다. 눈 질끈 감고 나는 괜찮을 거라고 되뇌면서.

시가는, 문제가 되기 시작하면, 부부 관계와 삶의

—

질을 심각하게 저해한다. 구체적인 갈등의 내용도 스트레스를 유발하겠지만, 문제의 구조 자체가 우리를 고통스럽게 한다. 내가 초청하지 않은 사람이 갑자기 내 삶에 난입해 나에게 권리를 행사하는데, 그 상황에 가장 책임이 있는 남자는 스윽 물러나 버리고, 문제를 여우처럼 해결하든 곰처럼 무시하든 버틸 만하게 만들어야 하는 것은 어쩌됐든 여자 몫이다. 사실 남자는 가만히 물러나 있기만 해도 최악은 아니다. 객관적으로 자신의 부모가 좀 너무했다는 생각이 들지만 그렇다고 아내의 태도가 저래도 되나 싶고, 내 부모를 너무 욕하는 것 같아 불편하기도 하고, 괜히 내가 여자 잘못 데려와서 나이든 부모님 고생시키는 건가 싶기도 하고, 그냥 좀 참아 주면 될 텐데 그걸 못 참고 상황을 이 지경으로 만드는 아내가 현명하지 못한 것 같고, 옛날에 비하면 얼마나 좋아진 건데 그런 생각은 못 하나 싶고…… 남편이이 사고의 나선에 들기 시작했다면 그야말로 결혼 생활의 무간지옥이 열리는 것이다.

왜 시가는 며느리의 삶에 지분이 있다고 생각할까. 한국은 왜 유독 이런 문화를 갖게 됐을까. 내가 시가 문제를 바라보는 관점은 이 문제가 일종의 '지체 현상'이라는 것이다. 지체란 무엇인가. '문화 지체'라는 용어로 주로 쓰이는데, 빠르게 변화하는 환경에 문화가 적응하지 못해 나타나는 현상을 이른다. 예컨대 인터넷이라는 인프라의 확장 속도를 성숙한 네티켓 문화가 정착하는 속도가 따라갈 수 없어 사이버 조리돌림이나 신상 털기 같은 일이 발생할 때 문화 지체 현상이라 부를 수 있다. 시가 문제가 지체 현상이라 할 때 빠르게 변하는 것은 가족 제도와 결혼을 둘러싼 상황과 구조다. 이 변화를 따라오지 못하는 것은 기성세대와, 일부 젊은 세대가 가진 단란한 가족의 이미지다. 둘 사이 간극의 결과가 시가 문제의 주축을 이룬다.

한국 사회는 1960년대 초만 해도 대부분이 시골에 살며 1차 산업에 종사했다. 20년 만에 산업 사회 구조를 갖추며 서구 세계가 100~200년에 걸쳐 달성한 사회 변화를 단숨에 이루었다. 이 말인즉, 농경 사회의 대가족에서 산업 사회의 핵가족으로 가는 변화 역시 급격히 일어났다는 의미다.

스테파니 쿤츠의 『진화하는 결혼』에 따르면 농경 사회에서 결혼은 부부의 문제가 아니라 가정과 사회의 운영 원리를 제공하는 것이었다. "전통적으로 결혼은 성별과 연령을 기준으로 노동을 분배하고 권력을 분할하는 역할을 했다. 남자가 여자에게 권위를 행사할 수 있음을 확인해 주고 자식이 부모의 재산에 대해 소유권

—

을 주장할 수 있는지 결정하는 역할을 한 것이다. 결혼
은 사회적 안정, 의료, 실업했을 때의 보장을 제공해 주
는 중요한 요소였을 뿐만 아니라 한 사람이 성인이 되
어 책임을 지게 되었음을 보여 주는 가장 중요한 지표
였다.”

　　대가족 시대에 부부는 서로에 대해서보다 상대 가
족 성원들에 대해 더 많은 의무를 졌다. 아내로서 남편
에게 해야 할 일보다 며느리로서 시부모와 그 형제들에
게 다해야 할 의무가 더 많았고, 아내를 선택하는 권한
또한 남편보다는 시부모가 될 남자의 부모 쪽에 있는
경우가 많았다. 부부는 마음이 맞아 사랑하면 좋지만
꼭 그렇지 않더라도 문제될 것은 없었다. 중국에서는
오히려 부부 사이가 너무 좋으면 이혼을 시키기도 했다
는데, 돈독한 부부는 가족 전체에 대한 그들의 의무를
망각하기 쉽기 때문이라고 한다. 그렇다면 며느리란 무
엇인가. 〈B급 며느리〉 감독의 고모들 표현이 적절하다.
며느리는 결혼을 매개로 그 집에 들어온 ‘하인’이고 ‘일
손’이었다. 며느리는 남편의 동생이든 사촌동생이든 시
가 가족들 모두에게 존대를 하도록 되어 있는데, 이는
주인댁 몸종이 그 댁 식구들에게 존대를 하는 것과 비
슷하다.

—

그랬던 것이 시대가 변한다. 이촌 향도의 시대를 맞아 몇 세대가 대가족을 이루어 살던 시기가 저물고 도시에 홀로 나온 젊은 남녀들이 짝을 이루어 둘이 살기 시작한 것이다. 이들은 도시에서 새로운 가족생활을 만들어 간다. 여전히 전통은 힘이 세지만 가족의 형태는 확실히 달라진다. 이들은 딸 아들 구분 없이 둘만 낳아 잘 기르자는 표어에 힘입어, 자식을 적게 낳기 시작한다.

대가족 시대에는 집안의 부족한 자원을 여러 자식들이 공평하게 고루 나눠 갖기 어려웠다. 그래서 많은 가정이 한 자식에게 자원을 '몰빵'하는 것이 유리하다고 여겼다. 남자 형제, 그중에서도 장남이 대표로 교육받고 그만큼 더 큰 권리와 의무를 가졌다. 하지만 고도성장기를 거치면서 과거보다 경제적으로 여유로워진 가족은 상대적으로 자식들을 평등하게 대하고 귀하게 길러 낸다. 자식들은 부부가 중심이 된 핵가족 안에서 자라났으며, 대중문화를 통해 습득한 더 개인적이고 평등한 서구의 낭만적 관계를 연애나 결혼의 이상으로 삼아 왔다. 오늘날 젊은 여성들은 이러한 관계를 맺을 수 있는 남성을 찾아 결혼을 약속한다.

그러다 보니 문제는 명절에 주로 발생한다. 여전히 여성에게 더 많이 부과되는 육아와 가사, 일하는 여성

—

을 존중하지 않는 기업 문화 등 여러 가지 문제가 있지만 아내와 남편 둘이라면 그럭저럭 일상을 꾸려 나가면서 문제를 해결할 수 있다. 하지만 명절만 되면 둘의 문제가 둘의 문제로 끝나지 않는다. 지체되어 있던 과거가 덮쳐 오는 것이다.

친구 K는 시부모님과는 큰 갈등이 없는 편이다. 사소한 문제는 있지만 결혼 생활을 위협할 정도는 아니다. 그런데 명절에 시부모님 댁에 갈 때면 그녀는 완강하게 버티고 선 유물과 마주하는 느낌이다. 남자는 거실, 여자는 부엌으로 홍해처럼 갈라져 앉아 있는 광경, 넓은 거실 놔두고 부엌 한구석에 작은 상을 펴 놓고는 여자들에게 밥 먹으러 오라고 손짓하는 시가 친척들. 남편이 부엌일이라도 거들라치면 냉큼 쫓아 버리고 이의 제기는 꿈도 꿀 수 없게 만드는 분위기. 며느리에게 미안하지만 평생 이렇게 살아 왔으니 어쩔 수 없다는 듯 어색하게 웃는 시어머니. 처음엔 자신의 눈치를 보는 듯하더니 어느새 거실에 자리 잡고 편히 늘어진 남편. 아무도 고마워하지 않는 자신의 노동. K는 산더미 같은 설거지를 마치고는 잠시 문간방에 몸을 말고 누워 숨죽여 울었다고 한다. 사랑하는 이와 결혼했는데, 그의 가족은 그녀를 하인으로 받아들였다. 21세기에 이게 대체 무슨 상황인가. 명절을 치른 뒤 만난 기혼 친구들은 다들 자기 앞에 놓인 현실에 기막혀했다.

　엄마는 명절이 다가오면 스트레스로 몸이 조금씩 아팠고, 명절이 끝나면 과도한 가사노동으로 몸에 무리가 왔다. 친정이 멀지 않았지만 엄마의 친정 방문은 가장 후순위였다. 그녀는 줄줄이 들이닥치는 시가 어른들을 위해 몇 번씩 상을 차렸다 치워야 했다. 정확한 촌수도 모르는 '아재'들도 할머니를 뵈러 아침부터 저녁까지 찾아들었다. 명절의 끝이 언제나 엄마 아빠의 싸움일 수밖에 없는 건 당연했다.

　엄마가 무엇보다 힘들어했던 것은 고된 노동이 아니라 모두가 자신을 하찮게 여긴다는 사실이었다. 엄마의 상황만 유별난 건 아니었다. 대한민국 며느리라면 집집마다 으레 명절을 그렇게 보냈다. 다른 여자들 모두가 그러고 있었으므로 엄마는 그냥 견뎠다. 하지만 우리 세대는 이런 취급을 참지 않겠다고 말하는 중이다. 모두가 그렇게 살더라도 나는 그렇게 살 수 없다고 외치기 시작했다. 명절의 그림이 옛날처럼 평화롭지 않다면 그건 평화가 깨져서가 아니다. 우리는 평화를, 안전을, 자유를 이야기할 때 그것이 누구의 것인지 항상 생각해야 한다. 의자에 문제가 있다는 것을 우리는 의자가 삐걱거릴 때야 알게 된다. 약자들이 자신의 목소

―

97

리를 내기 시작하면 시끄럽고 어수선해지는 것이 당연하다. 잘못된 것을 바로잡는 과정은 언제나 소란스러울 수밖에 없다.

몇 년 전부터 명절 전후 일간지 칼럼 분위기가 바뀌고 있다. 명절에 가족 모두가 함께 음식을 준비하거나, 제사를 간소화하거나(혹은 없애거나), 양가를 번갈아 가거나 아예 가지 않거나…… 누군가가 불편해하거나 소외되지 않는 문화로 바꾸는 가정이 조금씩 늘어나고 있다. 처음에는 어색하지만, 한두 번만 해 보면 원래의 방식이 대단한 필연성이 있어서 오랫동안 이어져 온 건 아니라는 걸 깨닫게 된다.

역사학자 에릭 홉스봄이 엮은 『만들어진 전통』의 원제는 'The Invention of Tradition'이다. 제목에서 짐작할 수 있듯이, 전통이란 '의도적으로' 발명된 것이며 그 의도란 권력의 정당화다. 전통의 힘이 셀 때는 그게 영원할 것 같지만, 한번 균열이 생기면 생각보다 쉬이 허물어지고 새로운 전통으로 대체되기도 한다. 그러니 나는 낙관한다. 대가족의 유령과 며느리 하인의 유구한 전통은 명절이 되면 잠시 살아나 많은 여성을 괴롭히지만, 결국은 새로운 문화의 힘에 밀려 사라질 운명이다. 그간은 혼란스럽고 고통스럽겠지만, 물적 토대가 사라진 문화는 오래 지탱될 수 없다.

—

결혼을 앞두고 나도 시가 문제를 걱정했다. 괜찮을까, 라는 의심은 '고양이 사건'을 겪으며 괜찮을 거라는 확신이 되었다. 결혼 전 내가 친정에서 키우던 고양이를 제주로 데려가겠다고 했을 때 남편은 마치 내가 남의 자식을 데려오겠다고 한 것처럼 격렬하게 반대했다. 남편이 이 상황을 지나가듯 어머니에게 털어놓았더니 어머니는 깔끔하게 한마디로 정리해 주셨다.

"결혼한다는 건 그 사람의 과거와 현재와 미래까지 모두 안고 가는 거야. 고양이도 마찬가지야."

'사람이 온다는 건' '그의 과거와 현재와 그리고 미래가 함께' 오는 것이라는 정현종의 시 구절이었다. 어머니는 거기에 고양이를 더했다.

나는 사실 이 글을 인터뷰로 풀어내려 했다. 수신지 작가의 『노땡큐 : 며느라기 코멘터리』를 보고 감명받은 것도 있지만(시어머니 인터뷰가 나온다), 시어머니의 비밀을 알고 싶었다. 시어머니는 시집살이를 호되게 겪은 나머지 자기 며느리에게는 함부로 하지 말아야지 하고 생각하게 된 사람도 아니고, 여성 문제에 관심이 있는 사람은 더더욱 아니다. 세상의 상식보다 성큼 앞서 나가지도 않고 너무 뒤떨어지지도 않는 평범한 시민이다. 그럼에도 시어머니로서 보기 드물게 진보적인 분인데, 어떻게 그럴 수 있는지가 늘 궁금했다. 한 시간 가량 어머니와 이야기를 나눈 끝에 나는 깨달았다. 아, 어머니라고 크게 다르진 않구나. 자식의 행복을 바라는 수많은 부모와 다르지 않았고, 페미니스트가 뭔지는 정확히 몰라도 걱정스럽게 생각하는 대부분의 부모와 다르지 않았다.

그러나 사소하지만 분명한 차이가 있었다. 어머니에게는 그 세대 어른 중에서는 드물게 '부부 중심성'이라 할 만한 것이 있었다. 어머니는 자식들이 어떠한 방식으로 지내든 '두 사람'이 만족하면 그만이고, 한 가정의 핵심은 '부부'이므로 부모가 그 관계에 간섭해서는 안 된다는 생각이 확고했다. 그렇기에 나를 여러 의무와 역할을 진 '며느리'가 아니라 '아들이 사랑하는 사람'으로 대한다. 자식의 친구가 오면 우리 아이와 사이좋게 지내기를 바라는 마음으로 잘 대해 주듯, 아들 인생에 가장 큰 영향을 미칠 존재로 나를 대해 주신다. 그러니 나도 같은 마음으로, 사랑하는 이를 키워 준 부모로, 예의와 선의로 대할 수밖에.

〈B급 며느리〉를 보는 내내, 답답한 상황 속에서도 위축되지 않는 며느리의 씩씩함에 안도하는 한편, 자신의 아내와 엄마 사이의 고부 갈등을 작품 소재로 삼은

감독은 대체 무슨 의도인가 번뇌했다. 이 작품의 영어 제목은 'My Son's Crazy Wife'이다. 그는 이것을 다큐멘터리로 만들면서도 문제의 본질을 전혀 파악하지 못한 듯했다. 본인을 '고래 싸움에 등 터진 새우'로 표현하는 데서 단적으로 드러난다. 그는 자신의 입장을 뚜렷이 밝히지도 자신의 의견을 말하지도 않으면서, 아내의 행동에 대해서는 부모에게 미안해한다. 나는 어머니와 대화를 마친 뒤, 감독이 그의 엄마에게 했다면 좋았을 말을 대신 생각해 보았다.

"며느리에게 무언가를 바라는 엄마 심정을 이해 못 하지는 않지만 이제 시대가 변했어. 진영이는 내가 사랑해서 함께 살기로 한 사람이고, 그게 우리 가족에서 그가 갖는 제1정체성이야. 엄마가 마음대로 휘둘러도 되는 존재가 아니야. 우리 집에 놀러 온 내 친구한테 하듯이 친절함과 예의를 갖춰서 조심스럽게 내 아내를 대해 주면 좋겠어."

출산과 육아

선택에 반대한다

나는 확고한 '비자녀파'였다. 아기를 예뻐하거나 좋아한 적이 한 번도 없었다. 친구 M은 휴대폰에 남의 자식 사진이 한가득에 예쁜 아기(를 가진 엄마) 인스타그램 계정을 팔로우하며 가끔 귀여운 사진을 보내 주기도 하는데, 나는 옛날부터 M의 열정을 이해할 수 없었다. 내게 아기는 뭐랄까, 언어도 몸짓도 통하지 않는 다른 종 같았다. 나의 메시지는 아기에게 닿지 않고 아기가 보낸 메시지 역시 내겐 통 해석 불가였다. 아기랑 있으면 불안해져 빨리 벗어나고만 싶었다. 그랬기에 20대 중반까지 내 인생에 '자식'은 없다고 굳게 믿었다. 동생이 키우던 고양이를 맡아 기르기 전까지의 일이다. 고양이는 보드랍고 따뜻했다.

고양이가 처음 내게 기대 온 순간을 기억한다. 마음의 둑 하나가 무너진 느낌이었다. 고양이를 안고 그 눈을 가만히 바라보고 있다 보면 '모성애가 있다면 이런 걸까' 싶은, 알 수 없는 뜨거운 감정이 퐁퐁 솟았다.

———

밖에서 놀다가도 고양이가 보고 싶어 일찍 들어갔고, 집이 가까워지면 나도 모르게 발걸음이 빨라졌다.

얼마쯤 됐을까. 어느 순간부터 아기가 예뻐 보이기 시작했다. 고양이와 지내는 일은 내게 연약한 존재를 보살피는 기쁨과 슬픔에 대해 알려 주었다. 누군가를 보살피는 일은 이기적이면서도 이타적인 행위였다. 아주 강해지는 일이면서 더없이 취약해지는 일이었다. 아기를 피하지 않고 마주하다 보니 차츰 인간 아기의 매력도 알게 됐다. 얼굴의 모든 근육을 사용해 활짝 웃는 아기는 고양이와는 다른 방식으로 나를 무장해제시켰다. 돌봄에 큰 재능은 없어서 여전히 아이를 받아 안으면 곧잘 울리지만, 이제는 진심으로 아기를 환대할 수 있게 됐다. 길을 걸으면 아이들이 눈에 들어왔다. 고양이를 사랑하게 되자 세상 모든 길냥이의 존재가 눈에 띄기 시작한 것처럼.

육아 웹툰은 천천히 시작된 나의 '아기 사랑'에 연료를 제공했다. 웹툰이 새로운 콘텐츠로 한창 세를 불리던 2010년 무렵 '부부생활툰'이 유행한 시기가 있었다. 정확한 장르는 아니고 부부 사이의 소소한 에피소드를 주로 담은 생활 웹툰을 독자들은 그렇게 불렀다. 〈마조 앤 새디〉를 각별히 사랑했고, 〈펭귄 러브스 메

—

브〉, 〈딩스뚱스〉, 〈결혼해도 똑같네〉 등을 즐겨 보았지만 역시 최고는 〈어쿠스틱 라이프〉였다. 부부생활툰으로 시작한 이 작품은 시간이 흐르고 작가에게 아이가 생기면서 육아생활툰이 됐는데, 작가의 딸 시호가 너무나 사랑스러워서 진지하게 출산을 고민했을 정도다. 시호는 지친 엄마의 냉정한 말투에 "왜 그렇게 낯선 사람처럼 말해"라며 울고, 이제 자자는 말에 "엄마가 너무 좋아서 잠이 안 와"라고 대꾸한다. 그러하다. 인간 아이는 언어를 사용하며, 다이내믹한 성장을 거친다! 그 과정을 랜선 너머로 지켜보며 육아를 상상했다.

하지만 주위 현실을 둘러보면 역시 육아는 랜선으로만 체험하는 것이 좋겠다는 생각이 들곤 했다. 이를테면 친구 C는 출산 이후 연애 4년, 결혼 생활 3년, 도합 7년을 통틀어 가장 힘든 시간을 보내고 있다. C의 남편이 C를 챙기고 아끼는 마음은 멀리서 보아도 넘칠 정도라, C 부부를 만나고 집에 돌아올 때면 나도 모르게 남편과 그를 비교할 정도였다. 그런 자상한 남편임에도 그는 출산 후 C의 스트레스를 이해하지 못했다. 말로는 이해한다고 했지만 들어 보면 조금도 이해한 것 같지 않은 말만 해 댔다. 잠시 레퍼토리를 분석해 보자. 네가 스트레스를 많이 받고 있다는 건 알겠다(근데 내 말 좀 들어 봐라), 나도 온종일 밖에서 시달리고 오는 거다(나는

———

돈을 벌어 왔으니 좀 쉬겠다), 솔직히 나 정도면 진짜 많이 돕는 편이다(더 바라지 마라), 나도 힘들다(너만 힘드냐).

출산으로 급격한 몸의 변화를 겪고, 난생처음 육아에 내몰린 여자들이 받는 스트레스는 상상을 초월한다. 같은 여자지만 육아 웹툰의 성실한 독자가 아니었다면 나도 몰랐을 것이다. 완전히 회복되지 않은 몸은 무겁고 피곤한데 한시도 아이를 떼어 놓을 수 없다. 아이 울음을 멈추게 할 방법을 도무지 모를 때 엄마로서 깊은 무력감을 느낀다. 아이의 울음은 멈추지 않는데, '나의 삶'은 영영 멈춰 버린 것만 같은 불안도 함께 온다.

프리랜서였던 C는 스스로 돈을 벌기 시작한 이래 처음으로 완벽하게 일이 끊기는 시간을 맞이했다. 예전처럼 다시 일할 수 있을까? 이 시기만 지나면 괜찮을 거라고 스스로를 달래 보았지만 불안은 쉽게 가시지 않았다. 집에 혼자 오래 있으면 사회적 자아도 고립된다. 그 와중에 사회는 아이를 돌보는 여성이 이런 고민을 하는 것 자체에 죄책감을 느끼도록 몰아간다. 무엇보다 가장 의지가 되어 주어야 할 남편의 입장이 다르다. '우리의' 아이를 키우는 일임에도 남편이 느끼는 온도와 하중은 아내와는 판이하다. 그는 아내의 고통을 성가셔하거나 피상적으로 이해한다. 힘들다는 호소를 자신에 대한 비난으로 듣는다. '밖에서는 일로 지치고 안에서는 당신의 히스테리로 지치는 내 심정을 아느냐'고 물었다는 C의 남편 이야기를 들으면서, 나는 신형철 평론가의 말을 떠올렸다. "상처와 고통의 양을 저울 위에 올려놓는 일이 비정한 일인 것이 아니다. 진정으로 비정한 일은, 네가 아픈 만큼 나도 아프다고, 그러니 누가 더 아프고 덜 아픈지를 따지지 말자고 말하는 일일 것이고, 그렇게 말하는 사람이 실제로 덜 아픈 사람이다."

한국 사회에서도, 아이를 낳지 않으면 아슬아슬하게나마 역할 분담의 균형을 유지하는 일이 가능하다. 결혼해서 행복하다는 많은 부부는 아이가 없다. 그들도 함께하는 삶을 위해 여러 가지를 양보하거나 포기하지만, 그럼에도 어느 정도는 각자의 삶을 지킬 수 있다. 하지만 출산과 함께 이 균형이 와르르 무너진다. 나름 이상적인 결혼 생활을 유지하던 부부도 출산과 육아에 이르면 십중팔구 갈등을 겪는다. 남성들은 아빠가 되는 것과 자신의 커리어 사이에서 고민하지 않는다. 둘은 보통 일치한다. 커리어를 쌓아 갈수록 아빠로서도 훌륭해진다. 여성만이 둘 사이에서 번민하며 자책한다. 아이를 키우는 것도 내 일을 하는 것도 둘 다 놓치고 싶지 않은데, 어떤 선택을 해도 행복해질 수 없을 것 같은 불안이 출산을 고민하는 여성들을 지배한다. 나 역시 이에 대한 공포가 크다.

　더 사소한 이유도 있다. 얼마 전 부모님과 차를 타고 가다가 머리숱 이야기가 나온 적이 있다. 나는 아빠를 닮아 머리카락이 가늘고 숱이 없는 편인데, 제주에 오고 이유를 알 수 없는 탈모를 겪어 머리숱이 더 줄어들었다. 그게 고민이라고 하자 엄마는 "아기 낳고 나면 더 빠질 텐데" 염려했고, 나는 "아, 낳지 말까" 했다. 평소에도 '무자식 상팔자'론을 펼쳐 온 엄마는 심드렁하게 "그러든가"라고 했다. 그런데 모녀의 대화를 조용히 듣고 있던 아빠가 기가 찬다는 듯 한마디했다. "엄마라는 사람이……."

　그건 엄마에게 하는 말이기도 했고, 내게 하는 말이기도 했다. 겨우 머리숱 때문에 출산을 포기하려는 딸이나, 그 말에 맞장구를 치는 엄마나 똑같이 한심하다는 것이다. 정말로 머리숱 때문에 아이를 낳지 않는 일은 없을 것이다. 그러나 출산을 생각하면 크고 작은 걱정이 끝이 없다. 나의 '한심한' 걱정 리스트 1번은 술이다. 술을 정말 좋아하는데, 술 없이 열 달을 버틸 생각을 하면 한숨이 난다. 길고 깜깜한 세월일 것 같다. 체형이 망가질 것도 겁이 난다. 임신 중에 피부도 좋아지고 전반적인 컨디션이 올라가는 사람이 있는 반면, 신체 리듬이 최악까지 가는 사람도 있다. 임신기의 절

———

반 이상을 병원에 입원해 보냈던 웹툰 〈아기 낳는 만화〉의 작가가 그런 케이스일 것이다. 임신 전까지는 아무도 알 수가 없다. 질로 수박이 통과하는 것 같다는 출산의 무지막지한 고통도 공포다. 중소기업에 다니는 청년을 대상으로 한 '청년채움공제'에 5년짜리 적금을 붓고 있는데 아직 3년이나 남았다는 것도 출산을 망설이게 하는 이유 중 하나다. 적어도 그때까지는 변수를 만들고 싶지 않은데 주변에서 벌써부터 노산이 어쩌고 하는 것도 걱정이다.

　　머리숱 문제는 하나의 상징일 뿐이다. 이 모든 것은 정말로 아이를 낳기로 한다면 감수하게 될 소소한 걱정이지만, 그렇다고 걱정이 아닌 것은 아니다. 그나마 이런 걱정들은 출산 전의 것들이다. 가장 걱정하는 것은 출산 후 '엄마'라는 타이틀이 내 삶에 붙고 나서다. '엄마라는 사람이……'로 시작하는 주변 사람들의 끝없는 오지랖, '엄마'라는 역할만 남기고 개인적인 욕망은 모두 오려 가는 무신경함이 나는 걱정된다.

　　아이를 갖고 싶은 여성이 출산과 육아라는 첩첩산중의 난제에 맞서 취할 수 있는 페미니즘적인 실천은 어떤 것일까. 제주로 놀러 온 M 선배 부부를 만나러 갔을 때였다. 그들은 맞벌이 부부로, 남편은 기자, 아내

―――

III

는 대기업 과장이다. 이제 막 초등학교에 들어간 아들이 모임 자리에 따라왔다가 졸리다며 칭얼댔다. 졸리다면서도 좀처럼 잠에 들지 못하는 아이를 어르는 부부의 모습을 보다가, 나는 또 엄마의 고통이 짐작되어 "일하면서 아이 키우느라 힘드시겠어요" 같은 말을 했는데, 예상치 못한 신박한 대답이 돌아왔다.

"저는 육아 별로 열심히 안 하는데요, 뭐."

알고 보니 그녀는 출산휴가 100일 만에 자신이 육아 체질이 아님을 깨닫고 '칼복귀'한 경우였다. 오랜만에 회사에 나가니 어찌나 좋던지 육아에 비하면 일은 껌처럼 느껴졌다고 했다. 남편과 상의 끝에 입주 시터를 들이기로 했다. 비용 문제에, 베이비시터를 구하고 한 집에서 지내는 일상에 적응하기까지의 과정이 쉽지는 않았다. 하지만 부부 모두 이게 최선이라고 생각했기에 큰 불만이 없었다. 부부는 육아와 가사에서 균형을 찾았다. 주중에는 시터에게 아이를 맡기고 남편과 아내 둘 다 일에 집중한다. 상대적으로 일과가 꽉 짜이지 않은 남편이 육아에 좀 더 신경 쓴다. 주말에는 아이와 부부가 함께 시간을 보낸다. 가장 중요한 것은 아이 발달 과정에 엄마의 집중 케어가 꼭 필요하다느니 하는 세간의 말을 무시하는 것이다. 가끔은 아이와 더 많은 시간을 보내지 못하는 것이 미안할 때도 있지만, 그녀는 자신이 할 수 있는 것과 할 수 없는 것을 구분하고 받아들이기로 했다.

그녀 말을 들으면서, 많은 여성처럼 나 역시 모성에 대한 고정관념을 갖고서 엄마라면 이러저러하게 해야 한다는 의무감에 부담을 느끼고 있었다는 걸 알게 됐다. 낳는다면 결국 엄마로서 희생할 수밖에 없겠지, 일방적인 희생을 강요하는 구조가 불만이지만 결국은 그렇게 되겠지, 그렇게 생각해 온 것이다.

힌트는 의외의 방향에서 왔다. 그러고 보니 주변에는 '물러나는 방식'으로 육아와 타협한 엄마들이 꽤 있었다. 예컨대 부부가 함께 카페를 운영하는 A 부부는 아이 둘을 가까이 사는 친척에게 맡기고 평등하게 사업에 열중한다. 물론 믿을 만한 베이비시터나 친척에게 아이를 맡길 수 있는 것은 굉장한 혜택이고 행운이다. 또한 그것은 제도나 복지의 차원이 아닌, 가정 각각의 형편 및 가용 자원에 달린 것이므로 근본적인 해결책이라고 말하기 어렵다. 그렇지만 자신은 육아와 맞지 않는다고 당당하게 말하며 자신에게 맞는 방법을 찾고 시도하는 여성들이 늘어나는 건 신나는 일이다.

결국은 여성들이 행복해야 한다. 교육열이 대단한 지역에서 자라 '헬리콥터맘'의 초창기 버전을 어릴 때부터 봐 왔다. 어린 나이에도 그게 좌절된 욕망의 발현이라는 걸 어렴풋이나마 짐작했다. 왜 아이와 자신을 분리시키지 못할까. 오로지 아이에게 집중된 엄마들의 욕망이 피곤했다. 지금은 그 욕망이 어떻게 사회적으로 조장되는지 이해한다. 요즘 여성들은 출산이나 육아로 개인적인 커리어를 포기했을 때 기회비용이 큰 만큼 대리 보상에 대한 욕구도 크다. '경단녀'가 된 아내의 스트레스를 아는 남편은 극성스런 육아에 개입하지 못하고 방관자가 된다. 이 맹목적인 열정을 사회마저 방관한다면 아이들이 불행해진다.

구조적 대책은 '남성 강제 육아 휴직 제도'다. 모두 '엄마'가 되어 볼 필요가 있다. 비싼 돈 들여 다른 대책 세울 것 없이, 관공서와 대기업부터 모든 남직원에게 1년 이상의 육아 휴직을 의무화하자. 주 양육자가 되어 아이와 온종일 붙어 있어 보면, 자신이 이제껏 어떤 노동에 얹혀 편히 지내 왔는지 알게 될 것이다. 육아하는 여성을 짐으로 여기고 눈치 주는 조직 문화도 개선될 것이다! 아이들의 성별 고정관념도 어릴 때부터 타파할 수 있다! 출산율도 오르고 남녀평등도 달성! 만세!

학창 시절, 성적과 관련한 엄마와의 기억이 몇 가지 있다. 중학교 배치고사 성적에 엄마는 화를 냈다. 수능 날에는 가채점 점수를 듣고 실망하여 앓아누웠다.

———

나를 쳐다보지도 않는 엄마의 등을 노려보며 울었다. 엄마의 사랑이 조건부였다는 게 슬프고 분했다. 대입까지는 그랬지만, 취직과 결혼의 관문에서 엄마는 쿨했다. 대입 이후 열심히 엄마의 기대를 끌어내려 온 덕분이지만, 궁극적으로는 엄마가 행복해졌기 때문이라 생각한다. 나이 쉰에 목공을 시작한 엄마는 5년 전부터는 작업실을 열어 창작 혼을 불태우고 있다. 엄마에게는 이제 자식 말고도 몰두하고 내세울 자신만의 삶이 있어서 자식이 마음 같지 않아도 별로 기죽지 않는다.

부디 자신의 방식으로 행복한 엄마들이 많아지면 좋겠다. 그러려면 아이를 키우는 다양한 방식을 지원하는 제도가 뒷받침되어야 할 것이다. 육아와 돌봄의 책임이 지금처럼 오로지 가정에, 가정에서도 특히 여성들에게 부과되어 있는 한 여자들은 계속해서 출산을 포기하고 거부할 것이다. 아이를 낳아도 불행해지지 않는다는 확신이 있을 때, 나도, 여자들도 아이를 가질 수 있을 것이다.

폴리아모리

근대적 사랑의 종말

독자들에 의해 일명 '30금' 딱지가 붙은 걸출한 연애 웹툰이 있다. 최소한 서른 살 정도는 되어야 이 웹툰이 던지는 문제를 제대로 이해할 수 있다는 의미다. 선정성 작가의 웹툰 〈독신으로 살겠다〉는 무려 다자연애, 폴리아모리를 다룬다.

〈독신으로 살겠다〉의 주인공은 30대 중반의 6년 차 연인이다. 서로 존중하고 성장하며 양질의 관계를 형성해 온 두 사람의 연애는 초기와 같은 뜨거운 열정은 사라졌지만 충분히 만족스럽다. 결혼은 하지 않기로 했다. 형민의 가족으로부터 환대받지 못한 경험이 있는 유희는 굳이 결혼이라는 제도 속으로 들어가 그들의 승인을 구걸하는 처지가 되기를 원하지 않는다. 형민은 그런 유희를 이해하고 지지한다. 둘은 결혼이라는 제도에 기대지 않고 오직 두 사람의 관계에 미래를 걸기로 한다. 그런데 관계의 옵션에서 결혼을 배제한 순간, 새

—

로운 질문이 등장한다. '그럼 우리의 미래는 이대로 영원히인가?'

결혼이 지금보다 당연하던 시절, 연인들에게 결혼은 일종의 '다음 단계'였다. 결혼은 사랑이 가장 뜨거울 때가 아니라 오히려 권태로울 때 하는 것이었다. 연애에 더 이상 새로울 것이 없을 때 넘어가는 다음 단계가 결혼이었다. 결혼하지 않기로 한 연인들에게는 그렇게 넘어갈 곳이 없었다. 관계에 남은 것은 유지 아니면 소멸뿐이다. 물론 '유지한다'는 것은 한 자리에 가만히 멈춰 서 있는 것이 아니므로 관계는 계속해서 변화하고 생장할 것이다. 이미 '다음 단계'로 넘어간 이들에게 관계의 역동성이 상상되는 것이 쉽지 않아, 독신주의자들은 종종 정착할 생각이 없는 바람둥이로 오인받았다. 결혼이 아니면 관계는 소멸이라고 이해됐던 것이다.

거기다 열정의 문제가 있다. 작중에도 언급되는 심리학자 로버트 스턴버그의 '사랑의 삼각형 이론'에 따르면 사랑을 구성하는 세 요소는 열정, 헌신, 친밀감이다. 이 세 요소를 꼭짓점으로 그린 삼각형이 크고 반듯한 모양일 때 사랑은 이상에 가깝다.

그런데 우리 모두가 경험적으로 알고 있듯 열정과 친밀감은 반비례 관계에 있어, 함께 한 시간이 길고 서로를 깊이 이해하는 친밀한 연인일수록 관계 초반 서로를 강렬하게 끌어당겼던 열정은 유지하기 어렵다. 뇌과학적으로도 증명된 이 공리는 열정의 속성에 기반한다. 열정에 불을 지피는 것은 상대의 표면 아래 숨겨진 미지의 영역이기에, 연인들이 최고의 열정을 누릴 수 있는 기간은 서로가 서로에게 낯선 상대였던 초반뿐이다. 열정에 있어 오랜 연인은 새 연적을 이길 수 없다. 오래된 연인인 유희와 형민에게 새로이 열정을 느끼게 하는 상대가 등장한 것은 필연이었다.

새로운 열정이냐 익숙한 친밀함이냐, 선택이 필요해진 순간 〈독신으로 살겠다〉는 둘 다 포기하지 않는 새로운 선택지를 내어 보인다. 서로의 일부가 되어 버린 오랜 관계를 유지하는 가운데 각자에게 새로운 사랑이 시작되었다는 사실 역시 인정하기로 한 것이다.

둘뿐이었던 관계의 무대는 좀 더 북적이기 시작한다. 삼각형이 되기도 하고 사각형이 되기도 하며 관계는 이어진다. 새 연인들은 둘의 관계에 새로운 열정을 불어넣는 외부로도, 질투와 고통을 유발하는 내부로도 작용하며 관계를 역동적인 국면으로 밀어 넣는다. 갈등과 고민을 거듭하면서도 두 사람은 다자연애의 원칙을 끝까지 밀고 가 본다. 이들에게 다자연애는 더 윤리적인 사랑에 대한 고민으로부터 도출된 실험이기도 했기 때문이다. 새 사랑으로 인해 내 연인의 삶이 더 풍요로워진다면 내가 그에게 독점을 요구할 근거는 과연 무엇일 수 있는지 이들은 묻는 것이다.

　익숙한 사랑법의 근본부터 뒤흔들기에 다자연애는 논쟁적인 주제일 수밖에 없다. 연재 당시 댓글란도 태반이 악플이었다. 이 만화에는 대체 정신 제대로 박힌 사람이 아무도 없다는 거였다. 실제로 많은 이들이 다자연애를 논하는 것 자체에 불쾌감을 느낀다.

　그 까닭은 아마도 첫째는 다자연애의 이론과 실제 사이의 간극 때문일 것이다. 소유와 집착의 지양이라는 높은 이상과 달리 현실의 다자연애는 성욕을 관계 내로 제한하고 싶지 않은 (주로) 남성들에 의해 이용되기 쉽고, 고통은 더 사랑하는 쪽의 몫이기 쉽다. 그러나 이는 성욕 발산과 관계의 책임 완화에 다자연애를 악용하는 무리들 잘못이지 다자연애의 이상 자체가 비난받을 이유는 되지 못할 것이다. 중요한 건 두 번째인데, 많은 사람이 다자연애의 정당성에 대한 주장을 독점적 연애 혹은 일부일처제에 대한 공격으로 받아들이기 때문이다. 자신이 하고 있는, 평범하나 숭고한 사랑이 다자연애에 의해 부정된다고 느끼는 것이다.

　물론 다자연애는 독점적 연애의 대타항을 자처하며 독점을 문제 삼는다. 그러나 독점을 버림으로써 최종적으로 지향하는 것이 보다 윤리적인 사랑이라면 다 자연애와 독점적 연애는 다시 만날 수 있다. 잘 조율된 다자연애만큼이나 잘 조율된 독점적 연애 역시 그러한 사랑의 본질을 구현할 수 있기 때문이다. 독점적 연애 와 다자연애 중 어느 것이 더 우월한가 혹은 윤리적인 가 하는 소모적인 논쟁에서 벗어난다면 지금 이 시점, 다자연애가 가지는 의미에 대해 좀 더 풍부하게 생각해 볼 수 있다. 〈독신으로 살겠다〉에서 다자연애는 무엇보 다도 연애의 미래에서 결혼을 뺐을 때 어떤 일이 벌어 질 수 있는가에 대한 사고 실험인 측면이 있다.

　　제도의 도움 없이 오로지 사랑만으로 맺어진 관계 는 그 본질에 더욱 충실할 수 있지만 한편으로는 불안 을 견뎌야 한다. 사랑의 열정은 그 불안정성을 가장 주 요하게 구성할 것이다. 열정은 때로 의지를 벗어나는 까닭이다. 독점적 연애의 틀 안에서 열정의 흐름을 따 른다면 우리의 사랑은 연쇄적 연애의 형태가 될 것이 다. 영국의 사회학자 앤서니 기든스는 그런 연애를 '합 류적 사랑'이라 불렀다. 물줄기가 합쳐졌다 다시 나뉘 듯 자연스레 만남과 이별을 반복하는 것이다. 반대로 열정을 제어하기로 한다면 그렇게 유지되는 사랑은 우 정과 유사해진다. 오랜 부부 관계가 이와 유사하다. 이 두 가지 선택지 모두를 거부할 때 가능한 것은 무엇인

—

가. 열정과 친밀감을 함께 공존시킬 수는 없는가. 공존시킬 수만 있다면 그것이야말로 가장 완벽한 사랑의 방법일 수 있지 않을까. 〈독신으로 살겠다〉는 이 아이디어를 끝까지 밀어붙인 결과물로 보인다.

　이 실험은 연애-결혼-새로운 가족의 구성이 일직선으로 이어졌던 20세기적인 사랑의 방식이 시효를 다하고 있는 지금 시점에 시사하는 바가 크다.
　독점적 사랑은 일부일처의 근대적 결혼에 맞게 디자인된 사랑의 형태였다. 다들 말은 안 해도 연애의 끝엔 이별 아니면 결혼이 있다고 여겼다. 그런데 둘 중 하나의 선택지인 결혼이 최근 들어 위험에 처한 것이다. 여전히 많은 사람이 결혼을 선택하지만 '결혼하지 않음' 역시 동등한 '선택'의 영역으로 여겨지기 시작했다.
　실제로 혼인 건수는 2013년 이래 끊임없이 최저치를 갱신 중이다. 비혼의 증가는 1인 가구의 확산 역시 가져왔다. 2018년 1인 가구 비중은 29.3%로, 2010년대 중반 이후 1인 가구는 더 이상 특별할 것 없는 대한민국의 보편적인 삶의 형식이다. 산업 사회 모델 속에서 불평등한 성별 분업을 바탕으로 구성됐던 20세기의 가족이 해체되고 있는 것이다. 여성들의 경제활동 증가가 기여했고, 4인 가족 부양을 보장할 만한 양질의 일

—

자리들이 줄어든 것이 이러한 경향을 가속화하고 있다. 연애, 결혼, 출산 등을 '포기'했다는 N포 세대 현상이란 실상 이런 조건 속에서 개별 주체들이 합리적으로 선택한 결과라고 볼 수도 있다. 그야말로 사랑과 결혼, 가족 구성의 대규모 지각변동이다.

연애의 끝에 결혼이 없다면 우리에겐 어떤 선택지가 있을까? 결혼을 향해 달려가는 독점적 사랑의 방식이 아닌 다양한 방식이 상상 가능한 영역으로 들어올 것 같다. 실험에 참가하려는 사람 역시 늘었다. 이 상상과 실험에 대한 담론으로서 다자연애에 대한 대중적 재현과 논쟁이 많아지는 것은 이상하지 않다. 사르트르-보부아르처럼 다자연애를 실험한 이들은 시대를 막론하고 존재했으나, 이제부터가 본격적인 시작이고 앞으로 점점 더 많아질 것이다. 비단 '다자연애'에만 한정되지도 않을 것이다. 비혼 공동체, 생활동반자 제도와 같은 대안 가족 모델에 관한 논의들도 이와 유관하다.

이러한 논의들은 우리 사회의 지배적인 '사랑법'을 반성적으로 바라볼 수 있게 해 준다. 우리는 왜 한 사람만을 사랑하는 것이 당연하다고 여기게 됐을까? 아니, 그 전에 한 사람만 평생 사랑하는 것이 누구에게나 가능한 일일까? 두 사람을 사랑하게 되었는데 그중 하나를 선택하는 게 아니라 둘 다와 연애를 할 수 있다면 어

—

떨까? 사랑은 두 배가 되는 게 아닐까? 질투와 집착을 어떤 식으로 관리할 수 있을까? 다자연애가 내게 불편하게 느껴진다면 그건 왜일까? 다자연애를 하든 독점적 연애를 하든 더 낫게 사랑하고자 한다면 우리 모두 마주해 볼 필요가 있는 질문들이다.

다자연애는 아니었지만, 동시에 두 사람을 사랑한 적이 있었다. 한 사람에게는 연인의 이름으로 구속하거나 강제할 수 있는 게 아무것도 없었다. 그 사람을 좋아하기 때문에 행복한 것 외에는 고통뿐인 관계였지만 놓을 수가 없어 이어 갔었다. 상대에게 무엇도 요구할 수 없는 사랑, 그건 확실히 사랑의 본질에 더 가까워 보였다. 다자연애를 주장하는 이들이 무엇을 극복하고자 하는지 알 것 같았다. 사랑받는 것에 집착하지 말고 주체적으로 사랑하자고, 자율적인 인간이 되자고 수없이 되뇌었음에도 그 계절 내내 나는 자주 휘청였다. 그 시간들은 누군가를 사랑함으로써 그로부터 사랑받기를 열망하는 한 인간이 '주체성'과 '자율성'을 유지하기란 얼마나 어려운지 생각해 보게 했다. 진정한 독립과 자율의 확보는 어쩌면 사랑하지 않는 상태일 때만 가능한지도 모른다.

그러나 그렇기 때문에 나는 다자연애를 결단하는

—

이들을 지지한다. 나는 이들이 별 고민 없이 독점적 연애를 받아들이는 이들보다 사랑에 대해 훨씬 더 많이 고민해 보았고 치열하게 질문해 가리라는 것을 믿는다. 지난 경험은 내게 있어 다자연애의 지속 불가능성에 대한 확인이기도 했지만, 나의 습관적인 의존과 권리처럼 휘두르는 인정에 대한 요구를 반성하는 계기이기도 했기 때문이다. 우리가 불완전한 인간으로서 불완전성을 안고 사랑하고자 한다면, 그 극복은 타자로부터의 완전한 독립과 비의존의 지향이 아니다. 서로 기대어 서 있으면서도 어떻게 서로의 성(城)을 침범하지 않고 존중할 수 있는지에 대한 고민과 과정이어야 한다는 결론을 내릴 수 있었던 것도 그때의 경험을 통해서였다. 내게 다자연애는 자신에게 더 행복하고 온당한 사랑의 방식을 디자인해 가는 과정으로서 의미가 있었다.

독점적 연애든 다자연애든 어느 방법이 그 자체로 더 우월하거나 열등하다고 말할 수 없을 것이다. 다만 '잘하는 것'이 중요할 뿐이다. 그리고 타인을 제대로 사랑하는 일은, 어느 방법이든 어렵다.

—

비혼 시대

남자 없이 완벽한 삶

영화 〈올드보이〉의 반전이 밝혀지는 중요한 장면, 왜 자신이 15년 동안 감금되어야 했는지 결국 알아내지 못한 오대수에게 이우진이 말한다. "자꾸 틀린 질문만 하니까 맞는 대답이 나올 리가 없잖아. 왜 이우진은 오대수를 가뒀을까, 가 아니고 왜 풀어 줬을까, 란 말이야." 비혼에 대해서도 그렇다. 도래한 비혼 시대를 맞아 우리도 질문을 바꾸어야 한다. 왜 결혼 안 해, 에서 왜 결혼해, 로.

왜 결혼 안 해? 이 질문은 오랜만에 동창들을 만나러 간 서른 넘은 비혼자가 흔히 듣는 안부 인사이자, 비혼자를 자식으로 둔 부모의 인생 궁금증이면서, 저출산을 마주한 국가의 고독한 외침이다. 궁금하고 답답하기로는 부모 마음이 제일이겠지만, 절실하기로는 소멸 위기에 처한 국가를 따라오지 못한다. 학자들에 따르면 2019년부터 대한민국 인구는 사망자 수보다 출생자 수가 더 적은 자연 감소에 들어간다. 2067년에는 4천만을 지나 3천만 대로 떨어진다.* '5천만 대한민국'이라 이야기할 날도 얼마 남지 않은 셈이다. 결혼 제도 바깥에서 아이를 키울 환경이 못 되는 한국에서, 저출산을 해결하려면 먼저 '저(低)결혼'을 해결해야 한다. 정부는 신혼부부의 주거를 보조하고 결혼식을 간소화하자는 캠페인을 벌이는 등 나름 애써 결혼 장려책을 펼치고 있지만, 안타깝게도 혼인 건수는 2011년 이래 감소를 거듭하며 2014년부터는 매해 최저치를 갱신 중이다.

　왜 하지 않을까. 나는 일찍이 이 현상에 대한 글을 쓴 적 있다. 결혼이 문제가 되기 전에, 먼저 이십대 청년들이 연애를 안 하는 게 문제가 됐다. 청춘들이 연애를 하지 않는 건 처음 있는 일이어서 현상을 바라보는 모두가 당혹했다. 소비주의적인 연애 각본을 따라가기에는 절대적으로 빈곤하거나, 개인들의 불안을 연료로 하는 경쟁 체제 속에서 관계를 살필 여력이 없는 이른바 '88만원 세대'의 슬픈 사랑에 대한 담론이 쏟아졌다.
　'삼포세대'라는 말이 등장한 건 2011년이다. 연애는 물론 결혼, 출산까지 도미노처럼 포기하는 청년들

---

*　노컷뉴스 2019년 9월 2일자. "2067년엔 인구 3천만 명대… 일하는 사람보다 노인 더 많아"

—

과, 이들을 몰아간 저성장 시대에 대한 자세한 진단이 이어졌다. 상황이 나아지지 않고 인구 문제가 현실화되자 분위기는 몇 년 만에 또 달라졌다. 청년의 삶에 대한 광범위한 관심사는 점차 비혼과 저출산으로 좁혀졌다.

이렇게 담론이 진행되는 동안 한 번도 사라지지 않은 관점은 이게 다 '경제적인 문제'라는 것이다. 현재의 결혼 장려책이 이 관점에 기반한다. 그러나 우리 모두가 알다시피, 효과가 없었다. 당시 지그문트 바우만을 탐독하던 나는 '소비자적 합리성'이라는 말에 무릎을 쳤다. 바우만을 인용한 글을 여기저기 썼는데, 요는 소비자본주의로 이행하며 우리의 합리성이 큰 변동을 겪었으며, 그로 인해 사랑과 관계, 유대에 어려움을 느끼게 됐다는 것이다.

'어떻게 더 생산할 것인가'가 핵심 문제였던 자본주의 태동기와 달리, 생산력이 전 세계 인구를 커버하고도 남을 정도로 증대된 요즘 기업들의 고민은 '어떻게 더 소비하게 할 것인가'다. 생산은 부차적이다.

이제 자본에게 관건은 생존에 필요한 것을 대체로 갖춘 사람들이 그럼에도 계속해서 소비를 하게 만드는 것이다. 그렇게 만들어진 '유행'은 아직 쓸 만한 것을 뒤처진 것으로 만들고, 사람들은 소비를 통해 너만의 특별함을 표현하라는 구호에 둘러싸인다. 빠르게 변화하는 사회 속에서 점차 개인성을 중시하고, 한 가지에 오래 묶여 있기를 거부하는 소비의 미학이 사회 작동의 핵심 원리로 자리 잡게 된다.

소비자적 합리성이란 소비를 할 때 준거가 되는 합리성(예컨대 여러 상품들 가운데 '가성비' 좋은 상품을 선택하는 것)으로, 그 자체로 나쁜 것은 아니다. 그러나 이 합리성이 다른 합리성을 필요로 하는 삶의 영역까지 지배하게 되면서 문제가 생긴다.

관계의 미학은 정확히 소비자적 합리성에 기반한 미학의 반대다. 관계란 기본적으로 '묶이기로 하는' 것이며, 변하지 않기로 하는 약속이자, 강고한 개인성의 일부를 포기하는 일이다. 당장 배송되고 간편하며 환불이 보증되어 있으면서 질리면 갈아 치워도 되는 상품을 선호하는 '소비자적인 마인드'로는 사랑에 이르는 것도, 관계를 지속하는 것도 쉽지 않다. 바우만은 짧아지는 연애 주기와 인스턴트식 만남의 증가, 헌신을 두려워하는 요즘 젊은이들의 경향 등을 소비자적 합리성의 지배로 설명한다.

이 분석은 꽤 먹혔다. 『내가 연애를 못 하는 건 아무리 생각해도 인문학 탓이야』(공저, 2014)에 이 이야기를 싣고 난 뒤 언론사로부터 전화도 여러 번 받았다. 요즘 청년들의 세태에 대해 한마디 해 주시죠, 그건 말이

—

죠, 소비자적 합리성이라는 게 있는데⋯⋯. 코멘트로 쓰기에 뭔가 그럴싸해서 그들도 좋아했던 듯하다. 그러니까 나뿐만 아니라 경제적 문제 이상을 보고자 했던 기자나 연구자들 역시 비연애, 비결혼 세태를 '함께 살기'의 위기로 해석했다. 소비주의에 물든 요즘 애들, 하며 혀 차기를 즐겨 하는 기성세대들에게도 흡족한 해석이었을 것이다. 사람들은 예전보다 가볍게 만나고 가볍게 헤어지며, 평생 누군가와 묶인다는 생각에 부정적이다. 이는 깊은 유대, 오래 가는 결속, 상호적인 헌신을 기반으로 하는 '함께 살기' 자체의 위기라 보아야 타당하지 않겠는가.

문제는 질문이다. 결혼을 왜 안 할까? 라고 물으면 이런 결론은 필연적이기 때문이다. 이 물음은 결혼을 하는 것을 디폴트로 놓는다. 오래전부터 사람들은 결혼해 왔고, 그게 유대고 결속이고 헌신이니까 이걸 하지 않는 건 뭔가 문제가 생긴 게 아니냐는 식으로 이야기가 흘러가게 된다. 서른 이후 주변에 비혼 친구들이 생기면서 나는 이 관점이 뭔가 이상하다는 걸 알게 됐다. 그들은 유대고 결속이고 헌신이고 별 문제가 없었다. 남자와 가족이 될 생각이 없을 뿐이었다. 그리고 그 이유는 너무나 합리적이었다.

—

경제적으로 독립한 여성들이 비혼을 택하는 건 놀랍지 않다. 남성은 변함없이 자신의 일에 종사하며 가사와 육아의 극히 적은 일부를 담당하면 되는데 여성은 결혼과 동시에 양자택일의 연속이다. 출산이라도 하게 되면 매일매일이 전투다. '남편의 특별한 배려' 없이 일과 가정을 모두 만족스럽게 지키기란 불가능에 가깝다. 거기다 시가가 있다. 시가가 며느리에게 요구하는 많은 것이 굉장히 모욕적이다. 내가 당신 아들과 같은 지위의 존재라는 것이 이 관계에서는 빈번하게 부정당한다. 답이 없는 시가를 만날 경우 스트레스는 거의 영속적이며, 당연히 부부 관계도 영향을 받는다. 결정적으로, 모든 것을 무릅쓰고 결혼을 선택할 만큼 괜찮은 남자가 없다. 다시 한 번 말하지만, 진짜 없다. 눈을 낮추라느니, 주제 파악을 하라느니 이런 말에 흔들리지 말기 바란다. 결혼이 어떻게든 너무 하고 싶다면 그래야 할 수도 있다. 그러나 이따금 '오지라퍼'들의 '고나리질'을 감수해야 하는 피로감 말고 실제 삶에 특별한 결핍이 없는데, 어째서 딱 봐도 안 괜찮아 보이는 남자와 만남을 시작해야 하는가. 의문의 여지없이 고양이가 더 나은 선택이다.

여자들은 연애나 결혼을 삶에 끌어들이지 않고도

잘 산다. 상대적으로 그렇다. 『여자 둘이 살고 있습니다』의 두 저자(김하나, 황선우)를 보며, 생물학적이든 사회적이든 여성들에게 주어진 관계 맺기의 능력이 이렇게 쓰일 수 있구나 깨달았다. 40대에 들어섰지만 결혼은 할 생각이 없는 두 저자는 남자 대신 룸메이트를 구하기로 한다. 혼자는 가뿐하고 쾌적하지만 많은 에너지가 필요하기 때문이다. 두 사람은 함께 살기로 결정한 뒤 더 넓고 안락한 공간을 누리고 각자의 취약한 부분을 상대를 통해 보완할 수 있게 되었다. 물론 여자 둘이라고 함께 살기의 어려움이 없는 것은 아니어서 이들도 서로 맞춰 가는 과정에서 이성애 부부와 크게 다르지 않은 갈등을 겪는다. 그러나 대처하는 방식이 다르다. 훨씬 평등한 입장에서 정정당당하게 싸우고, 더 쉽게 서로의 입장을 헤아리며, 함께 사는 이유에 대한 깊은 이해를 보인다. 부부나 연인과 달리 이미 정해진 관계의 각본이 작용하지 않아 이들의 관계는 좀 더 주체적이고 창의적이다.

관계가 풍요로운 사람은 비혼이어도 풍요롭고, 빈곤한 사람은 결혼해도 빈곤하다. 두 저자는 둘의 관계도 잘 풀어 가지만 단단한 관계를 자랑하는 각각의 친구도 많다. 이들은 유대 능력을 잃어 가는 현대인, 고독한 비혼자 같은 이미지는 가짜라는 걸 알려 준다. 혹은

—

그런 표현 속 '현대인'과 '비혼자'의 성별은 남성이 아닐까 의심하게 한다.

소비자본주의 시대가 도래하며 관계가 약화되었다는 분석은 진실일지 모른다. 자본은 확실히 모두가 외로운 개인이 되어 필요한 것들을 각자 구하는 삶, 그로 인한 심리적 허기를 소비로 채우는 삶을 바랄 것이다. 그러나 이 현상과 비혼은 딱 들어맞지 않는다. 남성과 낭만적 관계를 유지하기 위해서는 여성의 어떤 현실에 대한 눈 감기가 필수적이다. 이걸 유대의 위기로 놓는 건 여성들의 유대를 믿지 않는 남성 사회학자들의 가스라이팅이 아닐까?

질문을 달리 해 볼 시간이다. 그럼에도 어떤 사람들은 왜 여전히 결혼하는 걸까. 혹은 비혼을 택한 이들이 마지막까지 고민하는 결혼의 이점은 뭘까.

어떤 만화에서 결혼을 '안정감의 종신 계약'이라 표현한 것을 본 적 있다. 결혼의 보험적 성격을 잘 표현한 말이라 생각했다. 연애나 동거가 아니라 결혼을 선택하는 데는 분명히 이 보험적인 성격이 작용한다. 우리는 독립적인 성인이지만, 인생이라는 것이 언제나 다정하지 않으므로 혼자 힘으로는 도저히 서 있을 수 없는 때가 오기 마련이다. 그때 우리는 이제껏 맺어 온 관

—

계를 시험당할 것이다. 염려하며 도움의 손길을 내미는 이들이 많다면 잘 산 것이고, 아니라면 반성해야 할 것이다. 그런데 이런 날이 올 것을 대비해 주변에 폭넓은 신뢰를 얻고 평생 관계를 탄탄히 유지하라는 건 나처럼 그다지 좋은 인성을 갖지 못한 사람에게는 큰 스트레스다. 나는 나의 상황과 마음에 따라 출렁이는 존재이기 때문이다. 나는 출렁이는 존재야. 하한선은 이 정도고 상한선은 이 정도야. 어때, 나를 감당해 준다면 나도 너를 감당해 주겠어. 결혼은 이를 법적으로 보증한다. 이 법적이면서도 물리적이고 정서적인 안전망 때문에 비혼을 택한 이들도 마지막까지 망설인다.

그렇다면 결혼을 하지 않을 때 문제는 무엇인가. 인구 문제가 가장 먼저 떠오르는데, 우선 결혼과 출산은 분리하자. 저출산을 정말 걱정한다면 정부는 현명하게 생각해야 한다. 출산의 주체인 여성들 마음을 돌리지 못하면 출산율은 올라가지 않을 것이다. 혼인율이 반등해도 여성들이 아이를 낳는 것이 자기 삶의 질을 심각하게 저해할 것이라 여긴다면 출산은 불가능한 도약이다. 전 세계적인 저출산의 경향 가운데서도 출산율을 비교적 높게 유지하는 서구 국가들은 출산과 결혼을 분리해 여성 혼자서도 아이를 키울 수 있는 환경을 마련하는 것으로 저출산 문제를 극복했다. 이런 전환이 필요하다. 결혼 독려로 저출산을 해결할 수 있으리라는 것은 여자들의 현실에 대한 이해가 바탕 되지 않은 무지하고 순진한 생각이다. 가족이 제공하는 물리적·정서적 안전망이 없는 개인이 많아지는 건 분명 문제다. 그러나 이 문제는 개인이나 가족의 차원이 아니라, 제도와 복지의 차원으로 해결해야 한다. 일례로 이성애 관계에 국한되어 있던 결혼 제도를 확장해 실제 생활을 같이하는 동반자를 서로의 법적 보호자로 인정하고 의무와 권리를 부여하는 생활동반자법을 도입하는 것이다. 『여자 둘이 살고 있습니다』의 저자들이 이런 제도의 도움을 받을 수 있겠다.

결혼이 줄어드는 건 어떻게 해도 막을 수 없을 것이다. 이성애 연인이 결혼 제도를 통해야만 복지와 사회 안전망을 누릴 수 있는 국가에서 다양한 가족의 형태를 인정하고 지원하는 국가로 전환이 필요하다. 우리에게는 결혼을 택하지 않고도 '안정'과 '안전'이라는 목표를 이룰 수 있는 더 많은 모델에 대한 상상력이 필요하다. 비혼의 삶에 대한 재현과 담론이 더욱 풍성해지기를 바란다. 그렇게 될 것이다.

+ + +

2014년 진선미 의원이 발의한 생활동반자제도, '생활동반자 관계에 관한 법률안(생활동반자법)'은 원가족이나 결혼 제도로 맺어진 부부가 아니더라도 실제 가장 많은 시간을 보내고 일상을 함께하는 파트너를 '생활동반자 관계'로 인정하고, 더 안정적으로 살아갈 수 있도록 권리와 의무 등을 부여하는 것을 골자로 한다. 너무 앞서갔던지 이후 본격적인 논의는 이루어지지 못했지만 사회적인 분위기는 차차 무르익고 있다. 2018년에는 결혼에 대한 견해를 묻는 통계청 조사에서 사상 최초로 '결혼하지 않고도 함께 살 수 있다'는 응답자 수가 '결혼은 꼭 해야 한다'를 넘어섰다.

한국 사회에서 '결혼'이 부과하는 굴레 때문에 망설이던 이들이라면 생활동반자법을 반길 것이다. 예컨대 이 제도가 도입된다면 현재의 불평등한 결혼 생활을 새롭게 다시 써 볼 가능성이 열릴지도 모른다. 이른바 '새 술은 새 부대에' 전략이다. 현재의 결혼 제도를 견딜 만한 것으로 변화시키는 대신 전혀 다른 이름의 새 제도를 만들어 사람들을 혼란스럽게 하는 것이다. 아들과 생활동반자 관계를 맺었다는 저 여성은 며느리인가, 아닌가! 나는 저이를 며느리 대하듯 부려도 되는가, 안

되는가!

　이런 설레는 생각에 빠져 있는 중에 안티 페미니스트 카페의 글을 보게 되었다. 요는 생활동반자법이 도입되면, 사실상 결혼과 같은 수준의 의무와 권리를 보장하되 재산 분할은 하지 않기 때문에 남자들에게 유리하다는 거였다. '페미들이 남자 좋을 일을 할 리가 없다'는 식의 말들이 나오는 가운데 누군가가 진지한 반박 글을 달았다. 재산 분할 안 해도 위자료, 양육비 의무가 있어 단순히 동거하는 수준으로 안이하게 접근했다가는 페미들에게 당한다는 내용이었다. 전자의 남성은 결혼을 생각하다 '아니! 이거 하면 재산 분할 안 해도 되네!' 하며 생활동반자법을 반기는 쪽이었다. 한편, 후자의 남성은 동거를 생각하다 '아니! 했다가는 위자료 물게 생겼네!' 하며 경계했다. 당연히 둘은 합의에 이르지 못했다.

　생활동반자법을 반대하는 글을 올린 이는 꽤 공부를 했는지 팍스 관련 기사도 링크를 걸었는데, 그 링크를 따라갔다가 "내게도 가족 같은 친구가 있어요"로 시작하는 긴 글을 읽게 되었다.

　"내겐 그 친구가 가족이고, 그 친구에게도 내가 가족이죠. 우리가 함께 한 지는 벌써 8년이 넘었고요. 어

—

렸을 때도 친구들이랑 같이 살 계획을 세운 적이 있었는데 실제로 공동체를 만들어 살긴 어려웠어요. 지금 친구와 같이 사는 건 서로 편하기도 하지만 경제적으로 따로 사는 것보다 낫기 때문이죠. 팍스 같은 제도가 마련된다면 그건 우리에게 최고의 일일 거 같아요. 동반자로 인정받고, 법적 권리를 보장받을 수 있다면요. 예전엔 이 법이 동성 부부 간에만 해당하는 줄 알았거든요. 지금 보니까 우리 같은 사람에게도 해당되네요. 동반자라는 말 듣기 좋네요."

생활동반자법은 남성에게 유리하거나 여성에게 유리한 법이 아니다. 기존의 결혼 제도가 품지 못했던 다양한 관계를 법으로 보장하고 '함께 살기'의 권리와 의무를 새로 쓰려는 것이지, 특정 성별을 이롭게 만들기 위한 목적이 아니다. 물론 저렇게 '안티 페미니즘'을 부르짖으면서도 여자와 사는 것만큼은 포기 못 하는 남자들은 이 법이 우리에게 왜 필요한지 이해하지 못할 테지만.

남자와 여자 두 사람이 아닌, 결혼이라는 제도로 묶이지 않은, 다양한 방식으로 함께 살아온 많은 이들이 있을 것이다. 둘의 삶을 지탱하기에 부족한 기반을 오로지 두 사람의 힘으로 다지고 메워 가며 묵묵히 살아온. '동반자라는 말 듣기 좋네요' 하는 말에서 얼마나 오랫동안 자신들의 관계가 이름을 갖기를 원했을지 헤아려져 마음이 조금 먹먹해졌다.

경멸

빛나던 연인, 경멸하는 부부

SNS에서 돌아다니는 '행복하려면 이런 남자와 결혼하세요'라는 제목의 카드 뉴스를 보고 심란해진 적이 있다. 그 카드 뉴스는 결혼의 행복을 담보하는 남자로 다음과 같은 조건을 들고 있었다.

① 한결같이 사랑해 주고
② 특별한 날이 아니어도 꽃 한 송이를 불쑥 선물할 줄 알고
③ 자상하고(잘 화내지 않고)
④ 내가 존경할 수 있을 만큼 똑똑하(면서 나를 무시하지 않)고
⑤ 늘 내 편을 들어주고
⑥ 좋은 아빠가 될 수 있는 가정적인 남자

이런 남자가 어딨냐, 결혼 전에 이 남자가 정말 이럴지 어떻게 아냐, 바라는 것만 너무 많은 거 아니냐 등

다양한 댓글이 오갔지만, 내가 심란해진 이유는 다른 데 있었다.

　댓글러들의 생각과 달리, 카드 뉴스의 리스트는 현재 내 연인이 결혼 상대로 적절한지 체크해 보기 위한 항목이나 좋은 남편이 갖추어야 할 덕목표가 아니다. 이건 대부분의 남자들이 결혼 생활에서 실제로 하는 것을 정확히 반대로 뒤집은 것이다. 한국 남성들에게 결혼은 연애의 연장선상에 있는 것이 아니라 연애와는 다른 국면으로의 진입이다. 그들은 이제 가정과 그에 부속된 각종 노동은 아내에게 맡겨 놓고, 결혼 생활이 주는 안정감을 바탕으로 자신의 커리어에 매진하겠다고 생각한다(이 카드 뉴스의 기본 세팅에서 아내는 가정주부다).

　많은 남성이 연애 때는 기꺼이 감수하던 관계 노동을 결혼을 기점으로 대폭 줄인다. 구태여 아내의 기분을 살피거나 맞추려 하지 않고, 함께하는 시간을 특별하게 보내기 위한 노력을 하지 않는다. 아내의 사소한 불만에 치미는 짜증을 애써 억누르지 않는다. 인정과 관심을 바라는 아내가 귀찮다는 것을 군이 숨기지 않는다. 그러니까, 다정해서 이유 없이 꽃을 선물하는 남자와 결혼해야 행복하다는 카드 뉴스의 주장은 많은 여성이 결혼 생활에서 예전만큼 사랑받지 못하고 있다는 사실을 거꾸로 보여 준다. 존경할 수 있을 만큼 똑똑해서

—

결혼한 남자는 쉽게 아내를 무시하고, 시가와의 갈등에서 남의 편이며, 좋은 아빠조차 아니다.

왜 남자들은 변할까? 결혼하기 전 너무나 궁금했던 것 중 하나는 사적인 자리에서 결혼 생활에 대해 말하는 기혼 남성들의 태도는 어째서 하나같이 똑같은가였다. 약속이나 한 듯 좋은 시절 다 갔다며 너는 결혼하지 마라며 한숨 쉬는데, 결혼 생활이 별로 불행해 보이지 않는 이들은 물론이고 임신이나 육아로 고된 시기를 지나고 있을 그의 아내에 비하면 도대체 뭐가 힘든지 알 수 없는 이들마저 그랬다. 이런 태도는 가정에서 누리는 알콩달콩한 행복을 부끄럽게 여기는 남성 문화 때문이기도 할 것이다. 그러나 많은 남자들이 말만 그렇게 하는 게 아니라 실제로 결혼 생활에 대해 부정적인 감정을 갖고 있었다. 다정했던 '남자친구'들은 왜 세상의 흔한 '남편'으로 자라나는가. 왜 빛나던 연인들은 부부가 되고 그 빛을 잃는가. 이 역변에 대한 설명을 찾고 싶었다.

처음에는 결혼 생활이 주는 권태 때문일 거라고 생각했다. 매일같이 쌓이는 먼지처럼 반복적인 일상이 주는 지긋함. 혹은 시간을 이기지 못하는 관계의 법칙. 새 장난감이 결국 헌 장난감이 되듯이, 관계 역시 마찬가지로 낡아 가면서 지겨워지는 게 아닐까 싶었다. 물론 이는 왜 남성들의 역변이 도드라지는지 설명해 주지 못한다. 그러나 이 가설을 세우던 무렵에는 유독 남성이 그렇다는 것도 알아차리지 못했으니 그 정도 설명에 머물러 있었다. 빛나던 연인들도 서로를 경멸하는 부부가 되는구나, 결혼이란 건 좀 무섭네, 생각하며. 그러니 10년 전 영화 〈레볼루셔너리 로드(Revolutionary road, 2008)〉를 처음 봤을 때, 이 영화를 결혼 생활의 권태에 대한 영화로 이해한 것도 무리가 아니다.

〈타이타닉(Titanic, 1997)〉이 개봉한 지 약 10년 만에 나온 이 영화는 〈타이타닉〉과 주연이 같다. 전작에서 생사를 달리했던 로즈(케이트 윈슬렛)와 잭(레오나르도 디카프리오)은 〈레볼루셔너리 로드〉에서 에이프릴과 프랭크로 부부의 연을 맺는다. 영화는 두 사람이 첫눈에 서로에게 매혹되는 장면으로 시작한다. 지루하고 한심한 세상에서 처음으로 말이 통하는 상대를 만난 연인들이란 보는 사람마저 짜릿하게 만든다.

그러나 극이 전개되면서 실은 두 사람이 맡은 역할이 '위기의 부부'라는 것이 드러난다. 달달했던 첫 장면 이후 10년여 세월을 건너뛰고 결혼 생활에 지친 두 사람이 러닝타임 대부분을 이끌어 간다. 영화는 "〈타이타닉〉의 로즈와 잭이 살아남아 결혼했다면 정말 행복했을까?"라고 질문하는 듯하다. 에이프릴은 교외 중산층 주택가에 사는 교양 있는 아내 노릇이 지루하다. 결혼 전 자신이 꿈꾸던 삶으로부터 너무 멀리 와 버린 것 같다. 프랭크는 자신이 결국 아버지와 똑같은 별 볼 일 없는 샐러리맨이 되었다는 데 자괴감을 느끼며, 의미 없는 바람을 피운다. 이들이 사는 뉴욕 교외의 길 이름은 '레볼루셔너리 로드'이지만, 일상은 조금도 혁명적이지 않다. 권태로운 일상을 뚫고 에이프릴은 남편에게 파리행을 제안한다. 모아 둔 돈으로 파리에 살아 보며 각자 하고 싶었던 것을 찾아보자고 한다. 모처럼 '다른' 삶을 그리며 관계에 활력이 돌던 것도 잠시, 뜻밖에 승진을 하게 된 프랭크는 일방적으로 파리행을 취소하고, 위태롭던 둘의 관계는 파국으로 치닫는다.

　　나는 오랫동안 이 영화를 결혼 생활의 권태에 관한 이야기로 이해해 왔다. 결혼은 단조롭고 권태로워지기 쉬워 보였다. 시간이 흐르면 '사랑'은 '생활'이 되어 버리고, 서로를 향한 열망은 차갑게 식어 버린 채 더는 서로가 서로에게 구원이 될 수 없는 것일까. 그런 생각의 흐름을 타고 절망적인 예감에 잠겨 극장을 나섰던 기억이 난다. 과연 결혼을 할 수 있을까. 한다면 무엇으로 하게 될까. 그런데 얼마 전, TV 채널을 돌리다 우연히 〈레볼루셔너리 로드〉를 다시 보게 됐다. 나는 지난

10년간 이 영화를 완전히 오해해 왔음을 깨달았다.

　페미니즘을 접하고 본 영화에서는 이전에는 보이지 않던 것들이 눈에 띄었다. 영화는 내 가설이나 카피("이것이 우리가 꿈꾸던 사랑일까")가 암시하듯 사랑으로 극복할 수 없는 결혼 생활의 권태에 관한 이야기가 아니었다. 에이프릴과 프랭크는 권태가 아니라 '불평등'으로 인해 파국을 향한다. 생활이 관계를 권태롭게 만드는 것이 아니라 불평등이 관계를 질식시킨다. 감독인 샘 멘데스의 의도가 정확히 그것이었는지는 알 수 없다. 그러나 1950년대 결혼한 미국 중산층 여성의 삶을 정확히 그리는 사이, 그는 그도 모르게 부부 사이의 불평등이 야기하는 문제적 상황을 여실히 담고 말았다.

　두 사람의 첫 만남을 보여 주는 서두 이후 이어지는 장면은 결혼 몇 년 후, 에이프릴이 주연을 맡은 연극이 상연되고 있는 무대다. 공연은 끔찍했고, 그녀는 스스로에 대한 실망감과 수치심으로 괴로워한다. 처음에 프랭크는 다정히 위로한다. 그러나 그녀가 반응이 없자 느닷없이 분노를 드러내며 이 연극이 엉망진창인 게 자기 때문이냐고 따져 묻는다. 프랭크의 공격적인 태도는 놀랍지만 한편 놀랍지 않은데, 부부 사이에서 이런 구도는 꽤 흔하게 나타나기 때문이다. 부부처럼 상대의 감정이 내 일상의 안위와 직결된 관계에서, 상대의 잦은 좌절은 때로 우리를 피로하게 한다. 사랑하는 이가 낙담하는 건 물론 안타깝다. 잠시 위로하는 건 할 수 있다. 그러나 반복되면, 누구든 지치고 그 정도 성취조차 해내지 못(해 나를 지치게)하는 상대방에게 원망스러운 마음이 들기 마련이다. 혹은 그럼에도 반복되는 그의 도전이 미련하게 느껴진다. 오늘과 같은 공연이 처음이 아닌 에이프릴은 알고 있다. 프랭크가 자신을 우습게 여기고 있다는 걸.

문제는 부부 관계에서 이 피로와 좌절이 성별적이라는 것이다. 주로 아내가 여성으로서의 조건으로 인해 자신의 꿈을 이루지 못한다. 에이프릴의 경우, 자세한 사정은 나오지 않지만 그녀가 두 아이의 엄마라는 것과 관련 있어 보인다. 그녀는 배우로서 커리어를 더 쌓고 싶었지만, 계획에 없던 임신으로 결혼하게 된다. 물론 그녀에게는 이 모든 조건을 뛰어넘을 재능이나 의지, 열정이 부족할 것이다.

그러나 우리가 자주 간과하는 건 재능, 의지, 열정 역시 조건의 산물이라는 사실이다. 에이프릴처럼 주부라는 위치로 인해 특별한 성취를 할 것으로 기대되지 않고, 무언가에 도전한들 쉽게 저평가당하며, 다른 가족의 편안한 일상이 내 소소한 성취의 기회비용인 여성

—

은 재능이든 열정이든 지속하기가 쉽지 않다. 그런 압박감 속에서 배우로서의 꿈을 좇을 명분도, 그렇다고 육아와 가사에 만족하며 일상을 이어 갈 방도도 없던 그녀가 파리 이주를 생각한 건 필연적이었다. 파리로의 이주는 그녀가 처한 진퇴양난의 상황을 반전시킬 유일한 카드였다. 그러므로 이 계획을 프랭크가 깨뜨렸을 때, 둘의 결혼 생활 역시 끝이 난다. 에이프릴은 파리로 떠날 수도 있고 레볼루셔너리 로드에 남을 수도 있던 게 아니라, 자기 삶에 혁명을 일으키지 않고는 삶을 견딜 수 없었던 것이다.

〈레볼루셔너리 로드〉의 결말, 에이프릴이 택한 파국을 보며 나는 편혜영의 장편소설 『홀』을 떠올렸다. 『홀』 역시 결혼 생활이 지속되는 사이 서서히 불평등해진 부부가 파국으로 치닫는 이야기다.

소설은 아내와 떠난 여행길에 교통사고를 당해 사지가 마비된 채 혼자 살아난 오기의 시점에서 진행된다. 눈만 겨우 깜빡이는 그는 꼼짝없이 침대에 묶여 아내와의 결혼 생활을 곱씹는다. 처음에 그는 아내를 그리워하며, 깊이 사랑했던 것처럼 보인다. 서사가 진행됨에 따라 둘의 관계가 줄곧 위태로웠음이 드러나는데, 오기는 재능 많고 아름답던 아내가 제대로 된 성취를 해내지 못한 것이 문제였다고 반복해서 이야기한다. 그의 말에 따르면, 오기가 착실히 제 영역을 확장해 가는 동안 아내는 점차 포기와 비아냥거림에 익숙한 사람이 되어 갔고, 언젠가부터 느닷없이 그에게 공격성을 드러내곤 했다. 아내를 향한 안타까움과 애처로움이 거짓이나 위선은 아니어서, 그는 정말 아내가 갈 수도 있었으나 결국 가지 못한 길을 못내 아쉬워하는 듯하다.

그러나 돌이켜 보았을 때, 아내에게 마지막이었던 기회를 결정적으로 훼방 놓은 것은 그였다. 오기는 아내가 작업 중이던 원고에 여섯 번이나 핀잔을 놓는다. 순간 감정이입을 한 나는 오기의 뺨을 후려치고 싶었는데, 자신이 가장 믿고 의지하여 맨 처음 초고를 보여 준 사람에게 여섯 번이나 지적질을 당한 사람은 절대 글을 완성할 수 없다는 걸 (경험으로) 알고 있기 때문이다. 누군가의 작업물을 대충 훑어보고 조언이랍시고 몇 마디 던지는 건 얼마나 쉬운 일인가. 심지어 아주 간단하게 우쭐해질 수도 있다. 아내가 성취의 경험을 갖기를 그토록 소망한다는 그는 아내의 작업물 앞에서 그 가벼운 욕구조차 참지 못한다. 오기 같은 이에게 인정을 바란 대가로, 아내는 도전하고 열망하는 일을 영영 멈춘다. 오기는 그런 아내를 내려다보며 동정하고 단정하고 평가한다. 그녀 마음속에서 어떤 일이 벌어지는지도 모

—

른 채.

『홀』에서 아내는 에이프릴과 달리 원치 않게 집에 머물게 된 사람이 아니라 스스로 단념한 사람이지만(물론 오기가 관여하여), 아내들의 상황이란 유사하다. 자기 삶을 사랑하지 않고, 스스로를 인정하지 못하며, 이렇게 된 사정에 상대가 기여했다고 느끼면서 상대를 계속 사랑할 수는 없다. 아내가 무언가를 이룰 거라 믿지 않는 남편의 판단은 객관적 진실일 수도 있고, 학습된 여성혐오일 수도 있고, 무의식적 바람일 수도 있지만 그게 무엇이든 아내의 자존감을 짓밟고 관계를 좀먹는다. 남편만 아내를 경멸하지 않기 때문이다. 아내 역시 남편을 경멸한다. 그의 나약, 의존, 비겁함, 위선, 한계, 이제까지 써 온 허술한 꼼수들까지, 그녀들은 그들의 바닥을 본 적이 있다. 남성으로서 유리한 조건들 덕에 조금 더 성취했다고 지금은 자신을 내려다보지만, 그는 그녀와 함께 출발했던 사람이다. 비대칭인 관계에서도 경멸은 상호적이다.

경멸이란 무엇인가. 내가 당신을 안다는 것이다. 당신의 허영, 좌절, 욕망과 시도 모두 나의 손바닥 안이기에 당신은 내게 지루한 존재라는 것이다. 사랑은 모른다는 사실로부터 시작한다. 우리는 자신이 완전히 그

—

156

러잡을 수 없는 존재를 욕망한다.

　우치다 타츠루가 『레비나스와 사랑의 현상학』에서 분석했듯 "사랑의 대상은 우리의 외부에 있어 나의 지배나 파악을 벗어나 있다. 애당초 내가 지배하고, 파악하고, 통제 가능한 것은 사랑의 대상이 될 수 없다. 나를 똑바로 쳐다보고, 결코 나에게 몸을 맡기지 않는 것. 그러한 것만이 나의 욕망에 불을 붙인다." 상대에 대해 잘 모를 때, 우리는 상대의 반응과 몸짓과 눈빛을 이리저리 해석해 보며 초조해한다. 나의 말이나 행동에 문제가 없었는지 되돌아보게 된다. 경멸에는 애정은커녕 최소한의 조심스러움도 없다. 경멸은 당신이 내게 어떤 균열도 낼 수 없는 지루한 존재라는 의미이고, 그것은 사랑했던 사람이 갈 수 있는 가장 비참한 장소다.

　이 글을 쓰면서 나는 다양한 시대의 다양한 여성들을 떠올렸다. 남편이 박사 논문을 쓸 동안 아이를 낳고 키우느라 자신의 논문은 한없이 지연되고 있는 선배, 육아 휴직 후 복귀하지 못하고 프리랜서를 택한 편집자, 남편을 따라 외국으로 떠나느라 어렵게 얻은 일을 그만둔 아나운서, 여성이 주부인 게 당연했던 지난 시대의 수많은 엄마들, 지금도 결혼과 동시에 삶에 대한 통제권을 잃는 타국의 여성들. 성장이 지연되고, 당신의 성취는 중요하지 않다는 말을 반복해서 듣는 여성

—

들. 그로써 한때 모든 것을 걸었던 사랑을 결혼 후에는 이어 갈 수 없게 된 여성들. 경멸받거나 경멸하는 여성들. 세상은 바뀐 것 같지만 여성의 어떤 상황만은 여전히 고유하다. 남편만 결혼 생활과 아내에게 흥미를 잃지 않는다. 빛나던 연인들은 그렇게 빛을 잃는다.

그러므로 평등은 결혼 생활에서 달성되면 좋은 것이 아니라 핵심이다. 함께 성장하는 평등한 관계만이 시간과 생활과 권태를 이기고 사랑을 지속시킨다. 결혼만이 아니라 사랑의 조건이 평등이다. 그리고 평등에 구멍이 뚫릴 때, 경멸이 찾아온다.

———

불륜

내가 모르는 당신의 시간

새삼 불륜이란 단어의 무거움에 대해 생각한다. 아닐 불(不)에 인륜 륜(倫), 인간의 도리가 아니라는 뜻이다. 표준국어대사전은 이 풀이에 더 부연하지 않지만 우리는 용례를 알고 있다. 불륜은 결혼한 부부에만 해당된다. 남자 친구의 불륜 사실을 알게 됐어. 이런 문장은 이상하다. 연인 사이에서는 그냥 바람이다. 부부의 바람만이 인륜에 어긋난다.

다른 단어도 펼쳐 본다. 외도, 바람. 가장 넓은 개념은 바람이다. 사전적 풀이는 '몰래 다른 이성과 관계를 가짐.' 이때 관계의 의미는 열려 있어서 육체적 바람, 정신적 바람 같은 말이 파생된다. 연인이 있거나 결혼한 사람이 몰래 다른 이성과 육체든 정신이든 모종의 관계를 맺는 것이 바람이다. 외도는 불륜과 마찬가지로 부부 사이에만 성립 가능한데, 핵심은 섹스다. 남편이나 아내가 아닌 다른 상대와 가지는 성관계가 외도다. 불륜은 부부 사이에 성립하면서, 외도보다 복합적이다.

—

단순히 섹스가 문제가 아니라 어떤 진심이 담겨 있어서 관계에 대한 총체적 배신이 되고, 그래서 인류에마저 어긋나는 느낌이다. 정조의 의무를 위반한 것이 아니라 관계의 윤리를 어긴 것이다. 거꾸로 말하면 그렇기 때문에 바람이나 외도보다 무게감이 있다. '외도 서사'는 없지만 '불륜 서사'는 있다. 저 둘은 불륜 관계야. 나는 이 말을 어쨌거나 두 사람이 사랑하고 있다는 의미로 받아들인다.

영화 〈첨밀밀〉을 처음 봤을 때, 서로의 마음을 확인한 장만옥과 여명을 왜 바로 이어 주지 않는지 의아했다. 사랑의 불나방파로서, 장만옥이 왜 여명과 함께 도망치지 않는지 이해하지 못했다. 나중에서야 대중 서사에서 불륜을 다룰 때는 몇 가지 제약이 있음을 알게 됐다. 사랑하는 인물에 감정을 이입하는 관객도 있지만, 배신당하는 인물에 감정을 이입하는 관객도 있기 때문이다. 관객들은 장만옥과 여명도 보지만, 여명의 아내도 본다. 주인공들이 부도덕한 불륜남 불륜녀가 되어서도 안 되지만, 불륜이라는 조건을 사뿐히 뛰어넘어 쉽게 사랑을 이루어서도 안 되므로 '지연'이 필요하다. 장만옥은 뉴욕으로 가 거기서 남편(미키마우스 아저씨!)을 잃고, 여명은 아내와의 관계를 정리하고 쓸쓸히 살다가 오랜 세월 뒤 재회한다. 각자 가졌던 것을 모두 잃고 불륜이라는 꼬리표가 씻겨 내려갈 정도의 시간이 지난 후에야 관객들도 비로소 둘의 이어짐을 받아들인다.

이렇듯 불륜을 다룬 서사는 아슬아슬한 줄타기를 해야 한다. 남겨지는 입장에 이입하는 관객/독자를 납득시켜야 하기 때문이다. 관객/독자는 언제든 '불륜하는' 주인공을 비난하고 돌아설 준비가 되어 있다.

캐롯 작가의 웹툰 〈이토록 보통의-불륜만화〉는 연재 중반까지 그래서 댓글창이 소란스러웠다. 중년의 남자 주인공은 인터넷에 소설을 연재하다 알게 된 젊은 여자 편집자와 사랑에 빠진다. 아이가 생겨 결혼한 그의 부부 생활은 평탄하지만 건조하다. 상사와 불륜 관계에서 빠져 나오지 못해 괴로워하는 아내의 모습에 시답지 않은 정의감이 발동해 도와주다 시작된 관계였을 뿐 애초에 사랑해서 결혼한 건 아니었다. 그러나 아이는 사랑한다. 결혼에서도 불륜 관계에서도 반복되는 자신의 비겁함을 인정하면서도, 아이만큼은 지키고 싶다. 자신이 아버지의 불륜으로 인해 상처 입었던 만큼, 아이에게는 같은 상처를 물려주고 싶지 않다.

나는 서사만큼이나 독자들의 반응이 궁금해 매주 연재가 돌아오기를 기다렸다. 주인공은 스스로 인정하듯 비겁한 사람이지만, 상황을 피하지 않고 직시하려

—

한다. 작가 역시 주인공을 옹호하지 않는다. 다만 우리에게 보여 줄 뿐이다. 관계에서 저마다 자기 자신에게 하는 변명들과, 그로 인해 걷잡을 수 없이 커져 버린 사태와, 사소하게 시작된 일이 자신의 통제를 떠나 제멋대로 굴러가는 모습을. 그러나 많은 독자들이 주인공에게서 불륜을 저지르는 남성의 전형을 발견했고, 작가의 저의를 의심했다. 한 독자는 남편의 불륜으로 이혼했다 밝히며 작가가 어떻게 결말을 내는지 지켜보겠다는 위협성(?) 댓글을 남기기까지 했다.

불륜의 주체는 남편과 아내 둘 다 될 수 있지만, 우리에게 좀 더 익숙한 건 가해자 남성과 피해자 여성의 구도다. 과거에는 결혼과 동시에 여성의 사회적 관계가 가정으로 축소되는 경우가 많았으므로 특히 더 그랬다. 남자는 아내가 돌보는 가정의 안락함을 누리며 밖에서는 다른 여성을 만난다. 섹스든 삶의 활력이든 다정함이든 아내는 줄 수 없는 다른 무언가를 얻는다. 부부처럼 오래 유지되는 관계에는 헌신이 필요하기 마련이다. 헌신은 대가를 바라지 않는 마음인데 주로 한쪽이 주고 다른 한쪽이 받는다. 아내의 헌신을 일방적으로 받기만 하는 것도 모자라 배신까지 했다? 불륜 서사에 대한 독자들의 반응이 납작해지는 것도 이해할 수 있다. 그래서 불륜 서사는 불륜의 주체가 여성일 때 오히려 좀 더

입체적으로 이해될 가능성이 있는 것 같다.

드라마 〈이번 주 아내가 바람을 핍니다〉는 바람을 피운 아내의 내면을 남편이 추적한다. 심플하게 요약하면 아내의 바람을 알게 된 남편의 분투기다. 그는 극 내내 분투하는데, 아내가 다른 남자와 잤다는 사실을 받아들이고 용서하기 위해서다. 그는 분노하고 좌절하지만, 사실 자신들의 결혼 생활이 위태로웠음을, 그리고 그 위태로움을 무너지지 않도록 지탱해 온 건 아내의 노력이었음을 뼈아프게 인정한다. 무심한 남편과 살면서 점점 고독해졌을 아내, 그런 아내의 선택을 이해하고자 그야말로 피나게 노력한다. 그러나 아내와 새 출발을 약속하는 결정적인 순간, 이미지가 틈입한다. 그가 없는 곳에서 벌어졌을, 도무지 통제할 수 없이 뻗어나가는 정사(情事)의 이미지가.

나의 연인이 혹은 배우자가 내가 모르는 곳에서 다른 누군가와 한 섹스. 이것은 관계에 되돌리기 어려운 균열을 만든다. 상대가 누구인지, 상황이 어땠는지, 관계의 무게가 얼마나 가볍고 얼마나 의미 없는 것이었는지를 알면 어떻게든 봉합할 수 있을 것 같아 자신을 납득시켜 줄 설명을 구하지만, 끝내 균열은 메워지지 않는다. 상대의 진심 어린 참회도 이미지의 틈입을 막을

—

수는 없다. 연인의 섹스에 대해 알게 되는 일이란, 당사자가 아무리 용서를 빌어도, 그 행위의 하찮음을 수백 번 설명해도 빠져나올 수 없는 심연을 갖는 일이다.

그런데 왜일까. 연인의, 배우자의 섹스는 왜 이토록 우리에게 치명적으로 타격을 입힐까. 배신감이라는 말로는 다 설명되지 않는다. 거짓말을 하거나 약속을 지키지 않거나 실망감을 주는 것과는 다른 차원이 섹스에는 있다. 근본적인 관계의 불안이 그 아래에 자리하고 있는 것처럼 보인다.

결론부터 말하면, 연인이 다른 누군가와 했을 섹스란, 서로에게 더없이 투명한 것 같은 순간에도 나의 연인은 그 내면을 도저히 알 수 없는 '타인'일 뿐이라는 진실을 가장 명백하게 상기시키는 기호라는 것이다. 우리의 몸이 분리되어 있듯이 우리는 결코 서로를 완전히 그러잡을 수 없다. 살 부비며 사랑한다고 말하고 과거를 낱낱이 털어놓고 미래를 아무리 굳게 약속해도 우리가 타인인 한 마지막 한 겹은 끝내 투명해지지 않는다. 이로써 사랑은 결정적으로 불안해진다. 내가 참여하지 않은 섹스란 상대의 가장 내밀한 영역에 관한 은유다. 그렇기에 그의 해명으로 해명되지 않으며, 홀로 무한히 증폭되는 것이다. 나는 그 섹스의 의미를 영원히 알 수 없다. 그 섹스는 그간 내가 안다고 생각했던 상대의 모

—

든 것을 다시 물음표 위에 올려놓는다. 당신은 내가 생각한 그 사람이 맞는가? 확신할 수 있는가?

섹스는 어느 순간 가시화되는 극단적인 기호일 뿐, 사랑의 기본적인 세팅이 이와 같다. 사랑의 바꿀 수 없는 조건은 사랑에 참여하는 주체가 하나가 아니라 둘 이상이라는 것이다. 그리고 그 복수(複數)의 주체들은 모두 시간 속에서 흔들리는 존재들이다. 나의 마음이 흔들리듯 그의 마음도 흔들리고, 우리는 아무리 가까워도 결국 서로에게 불투명한 타인이다.

불륜에 관한 이야기는 결코 사라질 수 없는 관계의 불안을 상기시키기에 우리는 안전하고 보수적인 위치에서 서사를 바라보려 한다. 불륜의 당사자들은 비윤리적인 사람들로 단일하게 이해되고, 우리는 내심 주인공의 반대편에 서서 시간의 시험을 믿는다. 열정은 식고 관계는 닳기 마련이다. 새로운 사랑이라고 그 공식에서 자유로울 수 있는가. 당신은 등지고 나온 모든 것에 대해 후회하지 않을 자신이 있는가. 이 물음이 영원히 배신자를 따라다닐 것을 알기에 우리는 그가 후회할 일이 생기기를 기도하고, 결국은 참회하는 결말을 기대한다. 그 전망 안에서 불안은 잠시 운동을 멈춘다.

그러나 이 불안이 근원적이라는 것을 수용하기로

—

한다면 서사도, 관계도 다른 차원이 열린다. 남자 주인 공의 시점에서 진행되던 〈이토록 보통의-불륜만화〉의 서사는 3분의 2 지점을 지나며 그가 모르는 사이 흘러 가고 있었던 다른 인물들의 시간에 주목한다. 예컨대 아내의 시간. 아내는 그가 남의 이야기인 척 자신의 불 륜 이야기를 소설로 쓰고 있다는 걸 처음부터 알고 있 었을 뿐 아니라, 자신의 불륜에서 시작해 관계가 이렇 게 흘러간 데 대해 미안함을 갖고 있었다. 그는 자신이 아내를 사랑하지 않은 채 결혼했다는 것을 미안해했는 데, 실은 아내 역시 그를 사랑한 적 없었고 의무감으로 관계를 버티고 있었다. 그리고 그와 불륜 관계였던 장 미의 시선으로 이제까지 일어난 모든 사건을 복기한다. 관계의 중심에서 두 여자에게 상처를 주고 있다고 생각 했던 주인공은 이야기의 끝에서야 그게 다 자신의 착각 이었음을 깨닫는다. 우리 각자가 겪는 이야기는 이렇게 한정적인 서사일 수밖에 없다. 누구도 자기 자신을 벗 어나 이야기 전체를 조망할 수 없기 때문이다.

불륜 이야기를 볼 때면 내가 모르는 남편의 시간을 상상해 보게 된다. 어떤 상황에서 남편의 마음이 흔들 릴까. 남편은 어느 순간 가장 취약할까. 그렇게 조금씩 상상하다 보면 남편의 불안과 고독에 대해 의외로 별로

—

아는 게 없다는 걸 알게 되고, 우리가 쌓아 온 시간은 언제고 흩어질 수 있는 것이라는 진실을 깨닫게 된다. 그러니 우리 관계가 흔들림 없으리라는 확신은 가능한 한 유보해 두자고 생각하게 된다. 서로가 평등하게 헌신하는 관계라는 가정 하에, 불륜이나 바람은 결국 관계에 생긴 어떤 결여의 표현이다. 1인칭으로밖에 존재할 수 없는 나에게 불륜에 대한 상상은 유용하다. 조금 쓸쓸하지만, 그만큼 겸허해진다.

함께 살기

안정감의 종신 계약

이제는 아스라한 가출의 기억을 떠올려 본다. 제주로 내려온 첫해, 여름과 가을 사이 서늘한 바람이 불어오던 계절이었다. 결혼 전부터 기르다 데려온 고양이가 갑자기 죽었다. 병명이나 사인은 지금도 정확히 알지 못한다. 여름 즈음부터 어디가 조금 안 좋았던 것 같기도 하고, 아닌 것 같기도 하다. 전혀 예상치 못한 죽음이어서 그 무렵 나는 자책을 멈추지 못했다. 내가 좀더 세심했다면 눈치챘을지도 모르는 기미들을 계속해서 되짚곤 했다. 결국은 받아들여야 했으므로 때로 웃고 차차 밥도 챙겨 먹었지만 마음 한구석은 늘 우울에 잠겨 있었고, 그 우울에서 나오고 싶지도 않았다.

그 기간이 길어진 것이 문제가 됐다. 남편은 내가 거기서 나와야 한다고 이야기했다. 죽음 이후 얼마간은 함께 슬퍼했지만, 더벙이는 내 고양이였다. 남편의 슬픔은 나의 슬픔과 같을 수 없었다. 크게 싸우고 짐을 챙겨 서울로 올라왔다. 그 일을 겪으면서 어떤 슬픔은 주

—

변인을 향한 비난처럼 느껴진다는 걸 알았다. 실제로 남편을 조금 원망했던 것 같기도 하다.

지금 생각해 보면 이 가출은 5개월의 제주 적응기 동안 쌓인 갈등이 터진 것이었다. '함께 살기력'이 막 걸음마를 뗀 수준이었던 그때, 우리는 반복된 싸움에 지쳐 있었고 서로가 벌써 지긋지긋했다. 고양이의 죽음은 계기였을 뿐이다. 이렇게 각자 쌓은 마음의 찌꺼기가 많을 때 큰 싸움은 도움이 된다. 관계의 관성에서 벗어나 담아 두었던 말을 털어 낼 수 있고, '잘' 싸우고 나면 서로의 소중함에 대해서도 다시 깨닫게 된다. 나는 서울에서, 남편은 제주에서 전화로 격렬하게 싸우면서 그 역시 낯선 곳에서 살아 본 적 없는 삶을 사느라 많이 불안했다는 것을 알게 됐다. 상대의 약함을 발견하는 것은 중요하다. 우리는 약한 사람을 때려눕히지 않기 때문이다. 다시 제주로 돌아왔을 때 우리의 제주살이 2막도 열렸다.

큰 싸움 후에는 한동안 마음의 앙금이 씻겨 내려간 고요한 시간이 찾아온다. 우리는 서로를 좀 더 이해하게 됐고, 나는 보다 너그러운 사람이 된 것 같았다. 그러나 이런 관계의 효능감은 결코 오래가지 않는다. 엔트로피의 법칙처럼 시간이 흐르면 자연스럽게 새로운

—

앙금이 쌓이는데, 이 앙금은 처음 보는 앙금이 아니라 우리가 익히 아는 바로 그 옛날 앙금이다.

우리는 맨날 싸운 레퍼토리로 또 싸운다. 싸우다 보면 불현듯 놀라게 된다. 지난번에도 똑같은 문제로 싸웠다는 것에 대해. 그럼에도 내용과 형식에 큰 발전이 없어서. 결국 다시 대혼돈이 찾아오고, 이를 해소하는 큰 싸움이 일어나야만 잠시 평화가 깃든다. 이것은 물리 법칙이다. 엔트로피는 0에서 100으로 여지없이 흘러가고, 100이 되었을 때는 큰 싸움이 일어난다.

내가 함께 사는 일에 관해 아는 진실은 하나뿐이다. 함께 사는 건, 어렵다. 꽤 안정적으로 둘의 일상을 만들었다고 생각하는 순간에 위기가 찾아오고 시험에 든다. 우리 부부의 패턴은 마감 일정을 따른다. 그나 나나 마감이 되면 날카로워지고 상대를 받아 줄 여력이 없다. 사소한 일로 어느새 마음이 상하고 크고 작은 불만들이 쌓인다. 우리는 서로 다른 존재인데, 그냥 다른 게 아니라 사랑을 느끼는 방식에서 결정적으로 다르다. 내가 받기를 원하는 방식으로 그는 주지 않고, 그에게 나 또한 그렇다. 나름의 방식으로 열심히 사랑하는데 정작 상대는 사랑받는다고 느끼지 못하고, 서로가 서로에게 서운해하며 엔트로피 0과 100사이를 각자의 속도로 왕복운동 하는 것이 함께 살기다.

———

그렇다면 왜 함께 살까. 이토록 어려운 일인데, 그걸 넘어서는 무언가가 있어야 함께 살 것이 아닌가. 나는 여러 번 이 질문에 답하는 글을 쓰려 했다. 지금보다 어렸을 때는 좀 더 복잡하고 멋있는 함께 살기의 이론을 만들고 싶었던 듯하다. 타인과 함께 사는 궁극적 의미 같은 걸 추출하고 싶어 자기 동일성, 타자, 자아, 확장 이런 단어들 사이를 헤맸다. 그러다 보니 공허하고 과장된 글만 자꾸 나왔다. 이유는 결혼을 해 보니 밝혀졌다. 함께 사는 일의 장점은 훨씬 단순했다. 그건 안정감과 관련되어 있었다.

무리로부터 떨어져 혼자 있는 시간에서 안정을 찾는 사람이 있고, 안정의 원천을 사람이 아닌 반려동물에 두는 사람도 있다. 그러나 누구도 혼자 오래 있어서는 안정감을 가질 수 없다. 혼자 있으면서 자기 자신에게만 오래 말 걸다 보면 우리는 필연적으로 우울해지기 때문이다. 헬스 트레이너처럼 스스로에게 끊임없이 에너지를 복돋는 말만 할 수 있는 사람은 없다.

혼자 하는 말들은 대부분 불안과 얽혀 있다. 혹은 그 불안을 걷어내기 위한 안간힘들로 이루어진다. 그러니까 안정감 있는 생활을 위해서는 내가 나에게 잠식되지 않도록 주의를 환기시켜 줄 '장치'가 필요하다. 함께

—

사는 사람은 우리가 활용할 수 있는 좋은 장치다. 심각하게 이런저런 고민을 하다가도 남편이 건네는 실없는 농담에 피식 웃고 마음의 결이 달라진 적이 여러 번이다. 혼자서는 옴짝달싹할 수 없던 수렁을, 타인이 살짝 개입하는 것만으로 순식간에 빠져나올 수 있다.

이 환기의 순기능을 여러 번 경험하고 나면, 우리는 서로를 좀 더 잘 구할 수 있는 사람들이 된다. 좀 더 낙관적인 마음을 먹게 되고, 조금 더 유쾌한 사람이 된다. 그리고 상대와 맞춰 온 합이 굉장히 뿌듯해지는 순간이 온다. 『사랑을 위한 과학』이라는 뇌과학 책을 읽으며 이게 단순히 나의 직관이 아니라 과학적으로도 근거 있는 얘기임을 알게 됐다.

어미와 무리로부터 떨어진 채 고립되어 성장한 원숭이는 기괴한 행동을 보인다고 한다. 사회성 부족으로 다시 무리와 어울릴 수 없는 건 물론이고, 자해하거나 과도한 공격성을 드러내기도 한다. 정신의학을 전공한 세 명의 연구자는 포유류의 신경계가 저절로 조립되지 않기 때문이라 말한다. 파충류 등과는 달리 포유류는 행동 체계가 맞물려 적절한 조화를 이루기 위해 보살펴 주는 존재, 즉 다른 개체와의 깊은 교감을 필요로 한다. 저자들은 이런 특성을 '열린 고리 구조'라 말한다. 영양분이 부족함 없이 공급되어도, 개체 하나로는 생존 이

—

상의 삶을 영위할 수 없다. 정확히는 생존도 어렵다. 그러므로 모든 종류의 사회적 동물은 일생을 상호의존하며 살아간다. 『사랑을 위한 과학』은 이로부터 안정을 추구하는 인간의 특성과 타자와 사회의 의미를 끌어낸다.

"인간은 성인이 되어서도 사회적 동물로 남는다. 그들은 여전히 안정의 원천을 외부에서 찾는다. 그 열린 고리 구조가 의미하는 바는, 몇 가지 중요한 측면에서 인간은 그 자신만으로는 안정적일 수 없다는 것이다. 이것은 당위가 아니라 필연의 문제이다. 이러한 예측은 특히 우리처럼 개인성을 중시하는 사회에서는 많은 사람들에게 혼란스러울 것이다. 완전한 자아 충족이란 결국 변연계(포유류의 뇌를 파충류와 구분 짓는 핵심 부위, 감정과 유대를 관장한다)의 활발한 작용 속에 거품처럼 흩어지고 마는 백일몽에 불과하다. 안정은 자신을 능숙하게 조절하는 사람들을 찾고 그들 곁에 머무르는 것을 의미한다."

타인의 도움 없이 독립적인 생활을 유지하는 건 뿌듯한 일이다. 그러나 누군가와 꼭 같이 살지 않더라도 일상을 나눌 가깝고 따뜻한 타인은 필요하다. 어느 우울한 날, 우리는 그럼에도 불구하고 자신이 살아야 하

—

는 의미를 스스로 만들어 내지 못한다. 그러므로 결혼은 '안정감의 종신 계약'이라는 냉소적인 규정에 나는 기꺼이 동의한다. 나를 능숙하게 잘 조절하는 이의 곁에 머무르는 것이 안정이고, 앞으로도 이렇게 서로의 곁에 머무를 것을 영구적으로 약속하는 제도가 결혼일 수 있다. 굳이 제도를 경유하는 이유는 결혼 서약에서 찾을 수 있다. '기쁠 때나 슬플 때나, 부자일 때나 가난할 때나, 건강할 때나 아플 때나.' 방점은 모두 상황이 '안 좋을 때'에 찍힌다. 슬프거나 가난하거나 아플 때 도망갈 생각 말고 곁에 있으면서 서로를 건져 주기로 약속하는 것이다.

중요한 건 이 종신 계약을 꼭 남자와 여자가 할 필요가 없다는 것이고, 성애로 이루어진 관계에만 허용될 이유도 없다는 것이다. 안정감 있는 관계를 갖는 일은 사회 복지의 문제다. 이성애 부부만이 아닌 다양한 형태의 결합이 제도로 인정되어야 한다. 보수주의자라면 가정이 무너지고 사회가 무너진다고 걱정하겠지만, 나는 그런 혼돈의 때야말로 새로운 가능성이 싹튼다고 낙관하겠다.

미국의 폴리아모리스트 커뮤니티에 대한 참여 관찰 보고서라 할 수 있는 후카미 기쿠에의 『폴리아모리』에서 '폴리패밀리(폴리아모리를 바탕으로 가족을 맺은 사람

—

들)'에 대해 읽고 인상적이었던 건 이들이 함께 사는 일상을 위해 진심으로 노력한다는 점이었다. 폴리아모리스트들은 기댈 전통이 없기에 갈등의 매순간마다 최선을 다한다. 질투, 소유욕, 실망, 서운함 등 구성원의 어떤 감정도 당연하다고 가정하지 않고 본질을 묻고, 창의적인 해결법을 찾기 위해 함께 노력한다. 그리고 이런 노력은 자신의 가족을 벗어나 타자에 대한 관용으로까지 번져 간다.

"모노가미 가족, 게이/레즈비언 가족, 한 부모 가족, 입양 가족, 폴리패밀리. 미국에는 다양한 형태의 가족이 있어. 각자 소중한 사람과 함께 살고 있지만 이웃에 사는 다른 형태의 가족을 받아들이고 돕는 게 가능해진다면 일상은 더 풍요로워질 거야."

폴리패밀리를 포함한 대안 가족을 위한 교육 단체 '패밀리 시너지'의 윌리엄 말처럼, 다양해진 가족들은 사회 역시 좀 더 풍요롭게 바꿀지도 모른다.

남편과 나는 이제 옛날만큼 자주 싸우지 않는다. 마감이 다가오면 서로에게 곤두서는 것은 여전하지만, 엔트로피 0에서 100에 도달하는 속도가 훨씬 느려졌다.

———

대폭발 이후에 감정을 추스르고 서로를 토닥이며 다시 출발점으로 돌아오는 속도는 반대로 빨라졌다. 인간은 어리석고 같은 실수를 반복하지만, 반복할 때마다 조금씩 나아진다. 한편 말투나 자주 쓰는 어휘, 태도와 분위기는 점차 닮아 가서 우리가 맞춰 가며 걸어온 길을 돌아보게 된다. 아주 힘든 일은 때때로 아주 보람 있는데, 함께 사는 일이 그런 일이 아닌가 한다.

에필로그

더 많은 목소리가 들리게

페미니스트로서 결혼을 하는 건 '반동'일까. 결혼을 전면 부정하지 않기에, 이 질문이 책을 쓰는 내내 따라다녔다. 연애와 결혼으로 이어지는 우리 사회의 로맨스 각본은 피할 수 없이 가부장제와 여성혐오에 젖어 있다. 남성과 연애하고 결혼한다는 건 결국 이 각본을 답습한다는 의미다. 결혼 후에는 아내이자 며느리, 엄마라는 오래된 역할을 맡는다. 진정한 페미니스트라면 가부장제 바깥에서 뚜벅뚜벅 혼자 가야 할 것 같다. 왜 결혼을 택해 자발적으로 스스로를 묶는가.

결혼은 물론 큰 차이를 만들지만, 나는 결혼 그 자체가 문제는 아니라고 생각하는 편이다. 우리가 맺는 모든 관계에는 권력이 작동한다. 사랑의 시작부터 권력이 기입된다. 이를테면 남편과 나는 학교에서 선후배로 만났다. 유머 코드가 맞고 같이 있으면 유쾌했으며 둘 다 술을 좋아해 금세 가까워졌지만 나는 처음부터 그가 '남자 선배'여서 좋았다. 생각해 보면 나의 사랑은 기본적으로 이성을 향한 동경의 형태를 띠었다. 친밀함에서 시작하는 경우도 있었지만 나보다 높고 우월한 존재에 대한 갈망이 늘 더 강력했다.

이 '취향'은 물론 여성혐오적인 맥락이 있다. 내게는 자기혐오가 있었고, 그래서 나와 상극(처럼 보이는)인 대상에 매혹되었으며, 나의 나약함을 곧잘 투사했기에 여성들 역시 혐오했다. 순서는 어쩌면 거꾸로일 수도 있다. 여성혐오가 있었기 때문에 나를 충분히 사랑하지 못했고, 그래서 동경할 것을 찾았는지도 모른다. 어떤 관계를 필요로 하거나 어떤 사람에게 매혹되는 나의 맥락 자체가 여성적 혹은 남성적이다. 이런 사회적인 영향으로부터 완벽하게 자유로운 관계란 존재하지 않아서, 페미니스트라 해서 이 모든 것들로부터 단숨에 자유로워질 수는 없다.

나는 차라리 현재의 결혼을 헝클어 놓고 싶다. 전형적인 성 역할과 남편과 아내의 상투적인 이미지, 관계의 각본 같은 것들을, 최대한. 결혼 초반에 어떤 갈등이 생기고 그것이 '내가 여자라서 그런가?'라는 생각이 들 때 나는 불행했다. 주로 가사와 관련해 그랬다. 지금이야 평화롭게 분배되었지만 당시만 해도 나는 청소는 물론 요리도 잘하고 싶었던 것이다. 둘 다 붙잡고 있

—

으면서 상대적으로 가사에 심드렁한 남편에게 화가 났다. 청소 같은 경우 더러움에 관한 기준이 달라, 시키려면 하나부터 끝까지 알려 주어야 했고, 그렇게 알려 주면 남편은 잔소리를 한다며 삐딱선을 탔다. 이게 온라인 여성 커뮤니티에서 자주 보던 집안일 안 해서 복장 터지게 하는 남편인가, 여자라서 내가 이런 상황에 처하나, 갑갑하고 답답했다.

사태는 내가 집착을 버릴 수 없는 청소 대신 내심 귀찮아하는 요리를 넘기며 나아졌다. 요리를 하며 부엌을 어지르는 게 싫어 치우면서 하느라 손이 느린 나와 달리 그는 과감하고 신나게 요리를 했고, 그의 요리 노동은 우리 둘 모두의 삶의 질을 높였다. 사회적으로 부여되는 것과 상관없이 우리에게 맞는 역할을 나눠 맡으며 그 경계를 흩트리자 많은 것이 견딜 만해졌다. 특히나 내가 바깥일을 하고 남편이 주부를 맡으며 생각의 여지가 생겼다. 내가 성별 때문이라 느낀 감정, 고통, 무신경 등이 상황과 구조 때문임을 알게 됐고, 그건 얼마든지 스위치 할 수 있는 것이었다. 우리는 현재를 오래된 전통처럼, 영원히 계속될 것처럼 느끼지만 생각보다 전통은 덧없고 세상은 꾸준히 변하고 있다.

한편 '바깥양반'을 맡으며 한국 남편들이 특별히 더 이기적인 족속이 아니라는 것도 알게 됐다. 그들은

—

다만 강자로서 무신경할 뿐이었다. 현재 상황에 불만이 없고, 상상력이 부족한 이들에게는 강제로 입장을 바꿔 상대의 상황을 체험하게 해 주면 효과가 좋다.

그러므로 나는 결혼을 앞둔 여성에게 두 가지 이야기를 한다.

우선 결혼할 상대를 보아도, 그의 가족을 보아도 영 답이 없는 것 같다면 결단을 내려야 한다. 아닐 것 같을 때는 감이 온다. 이 감을 믿어야 한다. 나의 직감을 부정하는 의지적인 생각(사랑으로 이길 수 있다거나, 살다 보면 나아질 거라거나)들을 밀어내야 한다. 일상에서 고통받다 보면 사랑은 별로 힘이 없다. 내가 왜 결혼을 하려는지, 무엇에 쫓기거나 누군가에게 떠밀려 하는 건 아닌지 다시 생각해 보자.

다른 한편, 변화할 가능성이 있는 남자라면 바꾸면서 살아가는 것도 나쁘지 않다. 함께 살아가는 평등한 사회의 시민을 내가 한번 양성해 보는 것이다. 물론 앞에서도 말했듯이 가장 중요한 것은 안전이다. 가능성을 아주 신중하게 판단해야 한다. 여성들이 왜 이런 짐까지 져야 하는가. 물론 그런 의문이 들 수 있다. 그러나 남자들 스스로 깨닫기를 바라며 무작정 기다리기만 할 수는 없다. 내가 바꾼 남자가 또 하나의 남자를 바꾸고, 그 남자가 또 다른 남자를 바꾸고…… 이런 선순환을 생각한다면 싹이 있는 남자를 바꾸어 보는 것도 페미니스트 삶에 크게 위배되지 않는다고 본다.

어떤 사람들은 내가 너무 낙관적이어서 화가 날 수도 있겠다는 생각을 한다. 세상은 엉망이다. '승리 게이트'를 보며 또 절망했다. 여성에게 물뽕을 먹이고 강간하는 남자가 따로 있는 것이 아니다. 여성혐오와 강간문화가 강력하게 작동하는 사회라면 어디든 '버닝썬'이 될 수 있다. 이 공고한 카르텔을 지켜보면서 언제까지 '여성도 인간이다'부터 시작해야 하나 막막했다.

그럼에도 나는 낙관한다. 조금씩이지만 확실히 나아지고 있다고 믿는다. 석사 논문을 쓰겠다고 1970년대 대중연애소설을 한창 들여다봤던 적이 있다. 『별들의 고향』(1973)이나 『미스 양의 모험』(1975), 『겨울여자』(1975) 같은 그 시절 소설을 보면, 이런 소설이 대중의 환호를 받고 널리 읽혔다는 사실에 아연해진다. 강간으로 연애를 시작하는 남자들, 자신이 졸라 관계 맺은 여자를 '몸 버린 여자'라며 떠나는 남자들, 여성의 '버릇'을 고치겠다며 폭력을 휘두르는 남자들이 너무나 아무렇지 않게 등장해서 이게 불과 40여 년 전 작품이라는 게 믿기지 않는다. 우리는 야만의 시기를 지나 지금에 이른 것이다. 그리고 지금도 어딘가로 가고 있다.

—

사랑하는 이와 함께 사는 일 자체가 반동일 수 없다. 비혼의 이유만큼이나 결혼의 욕구도 다양하다. 국가의 지원 때문에 결혼한다는 실리파도 있고, 우리 사회에서 아이를 키우려면 제도 안에 들어가야 한다는 현실파, 결혼은 복지가 엉망인 이 나라에서 개인이 택할 수 있는 최소한의 노후 대책이라는 보험파도 있고, 영원한 사랑을 약속하는 행위 자체에 매료된 나 같은 낭만파도 있다. 확실한 건 어떤 여성도 가부장제 존속에 기여하기 위해 결혼하지는 않는다는 것이다.

우리에게 필요한 것은 부족한 결혼 제도를 씩씩하게 헤치고 나아가는 여성들이다. 페미니즘의 이론이나 원칙을 일일이 들이대고 싶지 않다. 가용할 수 있는 모든 자원을 동원해 자신의 길을 만들어 가는 여성들을 더 많이 보고 싶다.

미드 〈왕좌의 게임〉을 보는 내내 흥분했다. 이 드라마에서 흥미로운 인물은 전부 여성이다. 최종 보스도 여성, 그에 맞서는 대적자도 여성, 그를 견제하는 또 다른 인물도 여성, 가장 중요한 공을 세우는 것도 여성, 서브 악당도 여성, 야심가도 여성이다. 전형적인 여성도 있고, 가부장제에 순응하는 여성도 있다. 저마다 결점이 있고 치명적인 실수도 한다. 그러나 남성 중심적 세계에서 악착같이 살아남아 철왕좌를 향한 행군에 합

류한다. 다채로운 여성 캐릭터들이 성장하는 과정을 지켜보는 쾌감이 있다. 결말을 제대로 짓지 못해 '망작'이란 평가 속에 마지막 시즌을 새로 제작하라는 청원에 시달린 바 있지만, 〈왕좌의 게임〉을 보고 자란 세대는 다를 것이다. 참고로 나는 '알탕 서사'의 전형이라 할 수 있는 〈왕건〉을 보며 자랐다.

결혼한 여성을 위한 페미니즘은 가부장제의 문제를 지적하는 한편, 사회의 일반적인 규범에서 벗어나 새로운 부부 관계를 끊임없이 만들어 내고 퍼져 나가게 하는 거라 생각한다. 제도는 언제나 현실을 다 담지 못하지만, 제도가 커버할 수 있는 현실이 한계를 넘어선다면 제도는 바뀔 수밖에 없다. 가시화되지 못해서 그렇지 현실에는 다양한 형태의 부부 관계들이 이미 실험되고 있을지도 모른다.

실제의 삶은 다양한데 사회적 재현이나 담론은 약자들의 다양함을 담지 못한다. 더욱이 결혼한 여성들은 양방향에서 입막음을 당한다. 『페미니스트도 결혼하나요?』의 공동 필자 이성경이 썼듯 "결혼하고 아이를 키우면서 얼마나 고통스러운지 이야기하면 이상하고 유별난 여자가 되고, 얼마나 행복한지 이야기하면 부역자나 배신자"가 되기 때문이다. 이들의 고통과 행복에 대해 좀 더 귀 기울여야 한다. 그들이 하는 모든 말이 옳아서가 아니다. 『대한민국 넷페미史』에 실린 대담에서 박은하 기자가 했던 말처럼, 여성이 하는 말, 페미니스트가 하는 말이 다 맞을 필요는 없다. 그런 목소리마저 들리고 소거되지 않고 존재할 수 있게 하는 것이 페미니즘이다.

페미니스트로서의 각성과 결혼이 겹치는 바람에 지난 4년 간 나의 결혼 생활은 무척 분주했다. 아니 생활보다는 마음이 분주했다. 가만 두면 자꾸만 한남 짓을 하는 나 자신을 컨트롤하면서 나 자신이 우선 떳떳한 페미니스트가 되어야 했고, 집안일은 곧잘 하지만 페미니스트냐고 물으면 대번에 아니라고 답하는 남편과 대화하며 부부 합산 페미니즘 지수를 올려야 했으며, 결혼 생활을 행복하게 꾸려 가는 동시에 페미니즘의 시선으로 보아도 그 행복에 문제가 없는지 꼼꼼히 따져 봐야 했으니까.

가장 힘든 건 마지막 과제였다. 나는 페미니스트로서 내가 너무 부족해 보였다. 세상엔 '진짜 페미니스트' 같은 것이 있어서, 선명하지도 급진적이지도 않은 내가 페미니스트라고 나서서는 안 될 것 같았다. 그러나 이 확신 없음은 나만의 것이 아니었다. 주위의 친구들 가운데도 자신의 부족함 때문에 페미니스트라 칭하기를 망설인다는 이들이 있었다.

생각이 복잡해질 때면, 가장 단순하게 접근한다. 페미니즘을 좀 더 범박하게 정의해 보기로 한다. 여성에게 더 많은 선택권을 주는 것, 더 많은 여성의 목소리가 들리게 하는 것, 나아가 여성이 가져 마땅한 정당한 권력을 요구하는 것이 페미니즘이다. 하나의 이미지, 단일한 목소리밖에 없다는 것은 그 집단이 소수라는 방증이다. 페미니즘 역시 그렇지 않을까. 페미니즘이 달성된 사회란 전투적이고 급진적인 페미니스트뿐만 아니라, 느슨하고 낙관적인 페미니스트도, 흐릿하고 망설이는 페미니스트도 자신의 이야기를 할 수 있는 사회일 것이다. 그 이야기에 조금 더 보태기 위해, 내가 페미니즘과 결혼을 지나오며 느낀 것들을 썼다.

—

페미니즘프레임

03   **결혼**

우리는 서로를 구할 수 있을까

2019년 9월 30일 처음 찍음

지은이	정지민
펴낸곳	도서출판 낮은산
펴낸이	정광호
편집	강설애
제작	정호영
출판 등록	2000년 7월 19일 제10-2015호
주소	04048 서울시 마포구 어울마당로5길 16 반석빌딩 3층
전화	02-335-7365(편집), 02-335-7362(영업)
팩스	02-335-7380
이메일	littlemt2001ch@gmail.com
제작	상지사 P&B

ⓒ 정지민 2019

ISBN 979-11-5525-120-1 03300

이 도서의 국립중앙도서관 출판예정도서목록(CIP)은 서지정보유통지원시스템 홈페이지(http://seoji.nl.go.kr)와 국가자료공동목록시스템(http://www.nl.go.kr/kolisnet)에서 이용하실 수 있습니다. (CIP제어번호 : CIP2019034502)

• 이 책 내용의 일부 또는 전부를 재사용하려면
  반드시 저작권자와 도서출판 낮은산 양측 동의를 받아야 합니다.